insel taschen

Veit Heinichen

Trie

VEIT HEINICHEN | AMI SCABAR

TRIEST

STADT DER WINDE

Mit zahlreichen Farbfotografien
und Rezepten

Insel Verlag

Die Originalausgabe erschien 2005 bei Sanssouci
im Carl Hanser Verlag, München.
Der vorliegende Band wurde mit Fotografien des Autors neu bebildert.

Umschlagfoto: Gary Yeowell/Getty Images

Erste Auflage 2013
insel taschenbuch 4198
Insel Verlag Berlin 2013

Vertrieb durch den Suhrkamp Taschenbuch Verlag
Umschlaggestaltung: bürosüd, München
Satz: Hümmer GmbH, Waldbüttelbrunn
Druck: Kösel, Krugzell
Printed in Germany
ISBN 978-3-458-35898-5

TRIEST. STADT DER WINDE

Rosa dei Venti – Stadt der Winde

Haben Sie schon einmal eine Gregada gegessen? Kalmare und Kartoffeln scheibchenweise in eine Backform geschichtet, Knoblauch und Petersilie dazu, gesalzen und gepfeffert, mit Weißwein, feinem Olivenöl und Zitronensaft benetzt und nach einer Stunde Backzeit heiß serviert? Einwanderer aus Griechenland haben das Rezept vor über 200 Jahren mitgebracht, als sie sich in Triest niederließen und hier ihr Glück versuchten. Die Griechen sind schon in der Antike über das Meer ans Nordufer der Adria gekommen. Eine kurze Reise, falls der *Grecale* für wolkenlosen Himmel sorgte und die Segel blähte.

Triest ist die Stadt der Winde. Draußen auf dem Molo Audace, von wo man einen herrlichen Blick auf das Stadtpanorama genießt, steht ein Poller mit einer Windrose – *Maestrale, Scirocco, Libeccio, Grecale* und, größer geschrieben als die anderen: die alles dominierende *Bora*.

Der französische Konsul Henri Beyle, der unter dem Pseudonym Stendhal seine berühmten Romane verfaßte, verbrachte den Winter 1830/31 widerwillig in der Stadt. Das Klima paßte ihm überhaupt nicht. »Die Bora wütet zweimal die Woche«, schrieb er in einem Brief, »und fünfmal herrscht ein starker Wind. Ich nenne es ›starker Wind‹, wenn man unablässig damit beschäftigt ist, den Hut festzuhalten, und ›Bora‹, wenn man Angst haben muß, sich den Arm zu brechen. Gestern wurde ich vier Schritte weit geschleudert. 1830 gab es zwanzig gebrochene Beine. Es braucht schon Mut genug, wenn man katalanischen Räubern über den Weg läuft, aber, meine Herren, dieser Wind verdreht mir die Eingeweide.«

Triest lebt mit dem Wind, und könnte man ihn abbilden, müßte er ins Stadtwappen aufgenommen werden, denn er führte Menschen und ihre Sitten aus allen Himmelsrichtungen herbei, die hier eine florierende Handels- und Hafenstadt erbauten. Triests bedeutungsvolle

Geschichte ist kaum 300 Jahre alt. Es gibt nur wenige Spuren der römischen oder hellenistischen Vergangenheit, und 1719, als mit der Ernennung zum Freihafen durch Karl VI. die Blütezeit begann, zählte die Stadt gerade mal 4500 Einwohner. Es waren Immigranten aus aller Herren Länder, die hier ihr Glück gesucht und den Aufbau eines Ortes betrieben haben, der für lange Zeit das stärkste Bevölkerungs- und Wirtschaftswachstum Europas zustande brachte.

Es ist die Stadt der Gegensätze, der Kontraste und der Brücken zwischen den Kulturen. Auf die Präsenz von über neunzig Ethnien gründete sich ihr Mythos. Selbst Karl Marx untersuchte 1857 für die *New York Daily Tribune* das einstige Wirtschaftswunder: »Wie kam es, daß Triest und nicht Venedig zur Wiege der wieder aufblühenden Schiffahrt in der Adria wurde? Venedig war eine Stadt der Erinnerungen; Triest hatte gleich den Vereinigten Staaten den Vorzug, überhaupt keine Vergangenheit zu besitzen. Von einer bunten Gesellschaft aus italienischen, deutschen, englischen, französischen, griechischen, armenischen und jüdischen Händlern und Spekulanten errichtet, war es nicht wie die Lagunenstadt mit Traditionen belastet.«

Aus allen Windrichtungen trieb es die neuen Triestiner herbei und mit ihnen Ausdrücke, die bis heute im Dialekt verankert sind, sowie Düfte und vielerlei Geschmacksnoten, die die Besonderheit der Triestiner Küche ausmachen. Die kalte *Bora* aus Ostnordost, die sich vom Hochplateau des Karsts wütend auf die Stadt herabstürzt, wild durch die Straßen und über herrschaftliche Plätze fegt, das Meer mit weißer Gischt aufschäumt und alles mit sich zu reißen versucht, brachte die Einflüsse aus der ehemaligen Doppelmonarchie: Gulasch, Kaiserfleisch, Prager Schinken mit Cren, Palatschinken und Strudel. Wenn im Sommer der *Maestrale* von Westen her weht, bringt er Gewitter in die Stadt, doch aus Westen stammt auch der Baccalà, der Stockfisch, auf der Triestiner Speisekarte, von Spaniern und Portugiesen eingeführt, großen Seefahrernationen, die den getrockneten oder gesalzenen Fisch als Nahrungsmittel auf ihren langen Fahrten übers Meer mitführten. Der literarische Spaziergänger Johann Gottfried Seume, der in Triest auf seinem Weg nach Syrakus zum ersten Mal auf die mediterrane Welt stieß, behauptete sogar, daß selbst das Parterre des Opernhauses »überall entsetzlich nach Stockfisch roch, ich mochte mich hinwenden, wo ich wollte«. Die Rezepte der Fischsuppen mit Kräutern aus Südfrankreich gab es schon vor dem Einmarsch Napoleons, der Triest als »die wahre Hauptstadt der Adria« bezeichnete – und dementsprechende Steuern einforderte.

Libeccio nennt man die Brise aus Südwesten, Libyen klingt schon im Namen an. Die *fave*, süßes Mandelgebäck mit Rosenöl, basiert auf orientalischen Rezepturen. Kein Wunder, wo allein schon für den Baumwollhandel die Schiffsverbindungen nach Alexandria von Bedeutung waren. Ganz abgesehen von den jungen Damen aus armen Familien des Umlands, die in Ägypten zumindest als Haushaltshilfen Anstellung fanden und zu Hause »Aleksandrinke« genannt wurden.

Der *Scirocco* aus Süden wehte süditalienischen Duft herauf: Peperonata, Zuppa di Cozze, Schwertfisch, Tomaten, Zitrusfrüchte und Safran. Und wer am Molo Venezia an den Fischkuttern entlangschlendert, der vernimmt in den Gesprächen mancher Männer auf den Booten den Tonfall Siziliens und Kampaniens, stets durchsetzt mit Ausdrücken aus dem Triestiner Dialekt: Nachkommen von Einwanderern auch sie.

Windstille. Wir bleiben im Umland! Fritto misto, Tintenfisch, Sardellen oder eine Scarpena, eine Mormora, ein Branzino, Canoci und Mussoli aus dem Golf. Natürlich Gamberi und Capesante aus der Lagune von Grado. Olivenöl aus dem Val Rosandra, das dem Kontrast zwischen Meer und Karst seine hohe Qualität verdankt. Köstlicher weißer Trüffel aus Istrien, Wildgerichte aus Slowenien, Scampi von der kroatischen Adriainsel Cres. Und der Kaffee? Schweizer aus Graubünden begründeten einst den Wein- und Kaffeehandel, und der englische »Economist« testierte vor kurzem,

AVDACE

daß der beste italienische Espresso in Triest zu trinken sei – die Neapolitaner protestierten beleidigt. Wie schade, daß sie ihren Kummer nicht mit den fruchtigen Weinen vom Karst hinunterspülen konnten: die alten Rebsorten Vitovska und Glera, Malvasia und Terrano.

»Das nächtliche Leben Italiens, erzeugt durch die Hitze des Tags, stellte sich in seinem ganzen Umfang dar, alles ist in voller Bewegung«, schrieb der Berliner Großbaumeister und Maler Karl Friedrich Schinkel 1833 in sein Reisetagebuch. »An allen Ecken scheinen erleuchtete Trinkgelage, gepfropft mit Nationen aller Art, welche der Handel zusammenführt. Alles jubelte beim Wein, und unbehinderte Freiheit herrschte. Der Weg am Hafen ist vorzüglich reich an abwechselnden Szenen, ein beständiges Gewühl von Schiffsvolk aus allen Häfen Italiens, der Levante und Griechenlands und des übrigen Europas, Rußlands, Ostindiens und Westindiens macht ein buntes Bild der Beschäftigkeit, und müßte von Zeit zu Zeit der Handel Triests den selbst von Venedig übersteigen. Die großen Schiffe, welche gereiht im Hafen liegen, durch deren Menge man oft nur selten sparsam ins weite Meer hinausblickt, werden etwas Erhabenes. Hinzu häufen die schönen Vorgebirge, welche den Golf umschließen, eine unnennbare Menge von Schönheit.«

Auch Essen kann dem Reisenden ein Mittel sein, sich die Kultur eines Territoriums zu erschließen. Triest ist eine Stadt für Entdecker. Recken Sie neugierig die Nase in den Wind, streifen Sie durch die Trattorien, Osterien, Restaurants und Buffets! Wo sonst kann man so üppig wählen zwischen den deftigen Gerichten Zentraleuropas, dem Geschmack des Mittelmeers und den Aromen aus fernen Ländern?

Als der 22jährige James Joyce im Oktober 1904 mit seiner noch jüngeren Gefährtin Nora Barnacle nach Triest kam, fand er eine blühende Hafenstadt und ein umtriebiges Wirtschaftszentrum mit einer internationalen Bevölkerung vor, mit seinen 220 000 Einwohnern nur unwesentlich kleiner als die irische Hauptstadt damals. Während einer Reise nach Dublin ließ er in einem Brief vom 20. Dezember 1909 an die geliebte Nora seinem Bärenhunger auf den reichhaltigen Speiseplan der Stadt freien Lauf. »Oh, bin ich jetzt hungrig. Wenn ich ankomme, soll Eva so einen Threepenny-Pudding machen und irgendeine Vanillesauce ohne Wein. Ich hätte gerne Roastbeef, Reissuppe, capuzzi garbi, Kartoffelbrei, Pudding und schwarzen Kaffee. Nein, nein, ich hätte gerne Stracotto di maccheroni, einen gemischten Salat, gedünstete Pflaumen, torroni, Tee und Presnitz. Oder, nein ich hätte gerne gedünsteten Aal oder Polenta. Verzeih mir, Liebe, ich bin hungrig heut nacht.«

Elf Jahre lebte der Ire in Triest und legte hier den Grundstein für sein Werk. Trotz ständiger Geldnot besuchte er die Lokale, vor allem die einschlägigen, in der Città vecchia, in denen allerlei Volk verkehrte: Seeleute, Kaufleute, Dirnen. Osterien namens ›Ai due Dalmati‹ oder ›Al Pappagallo‹ gehörten zu seinen Zielen, wo er gerne dem Opollo zusprach, einem Weißwein von der dalmatischen Insel Lissa.

Vom Opollo freilich spricht heute niemand mehr, und diejenigen, die ihn im Angedenken an Joyce zu beschaffen suchen, kommen mit durstigen Kehlen in die Stadt zurück und erinnern sich dankbar der Weine vom Karst. Auch der gedämpfte Aal ist längst von der Triestiner Speisekarte verschwunden, doch die Vielfalt der typischen Gerichte ist nirgendwo größer als hier.

In dieser Stadt ist Europa zu Hause, und es wäre unsinnig anzunehmen, daß sich dies nicht auch in den Kochtöpfen wiederfinden würde. Einwanderer aus aller Herren Länder haben ihre Rezepte mitgebracht, die auch heute die Speisekarten dominieren. Vielfältig wie die Windrichtungen sind sie – und ebenso wechselhaft. Von *der* Triestiner Küche zu sprechen ist schier unmöglich, zu stark sind die Kontraste. Keine andere Stadt bietet so viele Grenzen und Übergänge, auch kulinarisch.

Sie zu beschreiben ist eine Lust und bereitet nur zwei kleine Probleme. Das eine ist historisch bedingt: In einem Gebiet, das politisch so viele Umwälzungen erleiden mußte und in dem mehrere Sprachen gesprochen werden, haben wir uns dafür entschieden, als Ortsbenennungen jene zu wählen, die dem Hoheitsgebiet der Länder entsprechen, in denen sie liegen, und daher am einfachsten auf der Landkarte zu finden sind. Historisch ist dies nicht immer richtig: Die Küstenstadt Piran in Slowenien etwa war erst unter römischer und dann venezianischer Herrschaft und hieß Pirano. Triests unmittelbare Nachbarin jenseits der Grenze, Koper, hieß Capodistria. Auf italienischem Boden liegen heute hingegen die kleinen Ortschaften Santa Croce und Contovello, zwei Fischerdörfer, die einst rein slowenisch bevölkert waren und Križ und Kontovel hießen, und Prepotto, das Eldorado der Karstweine, heißt eigentlich Praprot. Noch sind alte Leute anzutreffen, die in ihrem Leben bis zu sechs verschiedene Pässe besaßen, ohne jemals den Wohnsitz gewechselt zu haben: Habsburg, Italien, das Adriatische Küstenland unter Nazibesetzung, das »Territorio Libero di Trieste« als alliierte Verwaltungszone bis 1954, wieder Italien, oder nur ein paar Meter weiter Slowenien, schließlich die Europäische Union. Ein Buch über kulinarisch-kulturelle Eigenheiten einer Region würde zu verwirrend, wenn man dies in jeder einzelnen Episode erklären müßte.

Bücher mit Rezepten gibt es so viele, daß sie die Regale der Buchhandlungen sprengen. Rezepte, die hier sowenig wie möglich wiederholt werden sollen. Dafür soll Raum für kleine Besonderheiten bleiben, wie zum Beispiel die Sache mit dem angemachten Stockfisch, dem Baccalà mantecato, der zwar nicht nur in der Triestiner Küche zu finden ist, aber erklärt sein will, denn er ist ein Exempel dafür, wie man dem Esser etwas vorgaukeln kann. Es ist ein sehr beliebtes Gericht, das auf den Speisekarten vieler Restaurants zu finden ist, in Feinkostgeschäften genauso angeboten wird wie an den Theken besserer Supermärkte. Das Dilemma beginnt damit, daß der Konsument nicht weiß, welche Qualität des luftgetrockneten Stockfischs als Basis verwendet wird, der Preisunterschied ist erheblich. Und natürlich ist die Zubereitung entscheidend. Um das beste Resultat, reinen Geschmack, zu erreichen, sollten nur die Filets des Stockfischs

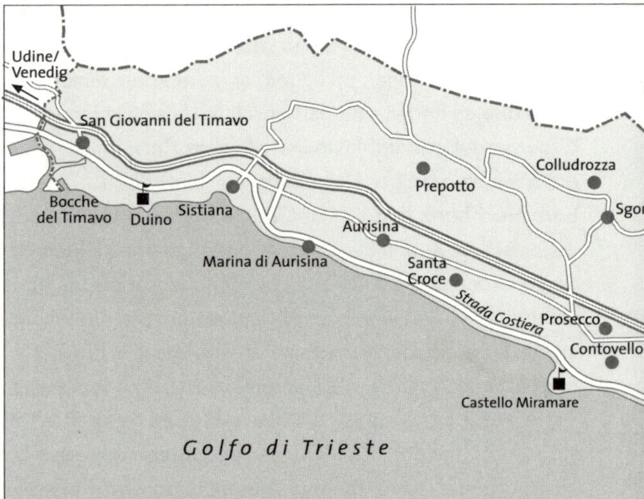

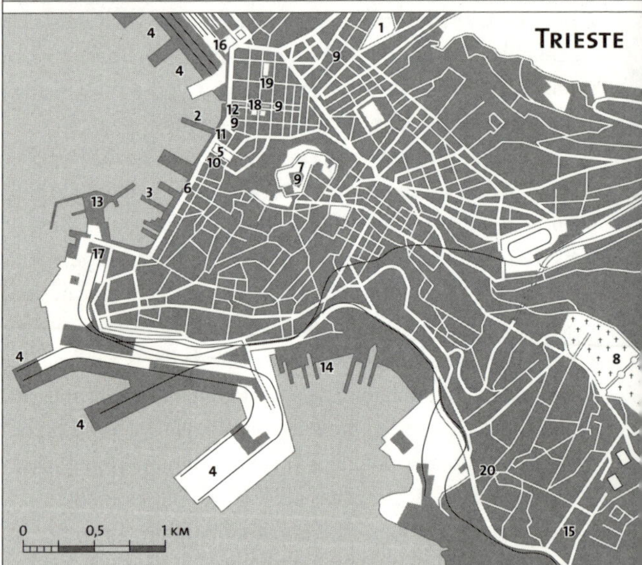

1 Giardino pubblico	6 Rive	11 Teatro Verdi	16 Stazione Centrale
2 Molo Audace	7 San Giusto mit Castello	12 Palazzo Carciotti	17 Stz. Campo Marzi
3 Molo Venezia	8 Cimiteri	13 Faro Lanterna	18 Canal grande
4 Molo 0–VII	9 Kirchen, Synagoge	14 Arsenale del Lloyd	19 Borgo Teresiano
5 Piazza Unitá	10 Museo Revoltella	15 Risiera di San Sabba	20 Servola

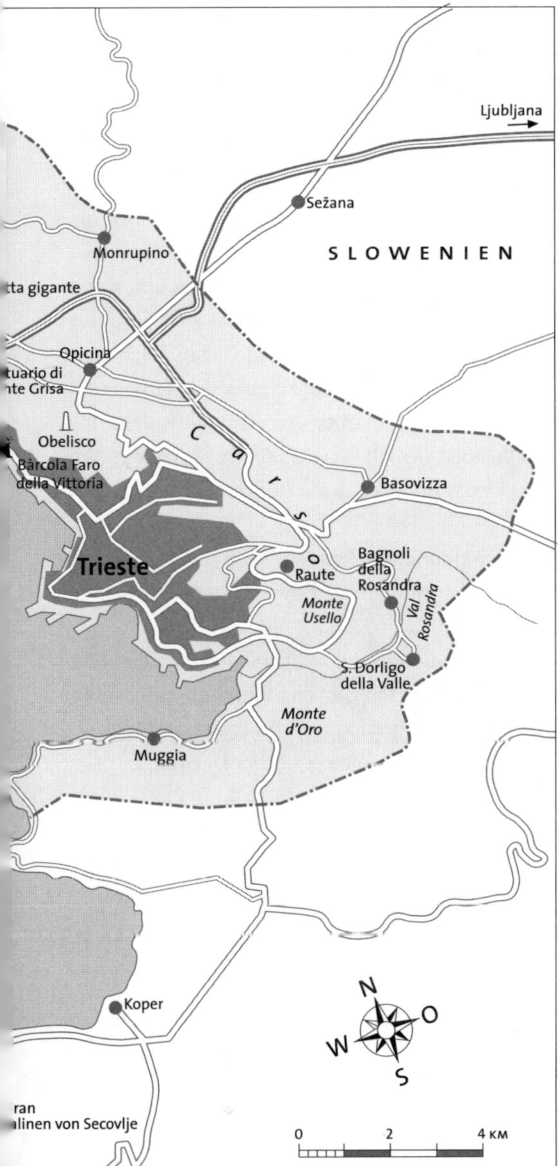
Ljubljana
Sežana
SLOWENIEN
Monrupino
tta gigante
Opicina
tuario di
nte Grisa
Obelisco
Bàrcola Faro
della Vittoria
Carso
Basovizza
Trieste
Raute
Bagnoli
della
Rosandra
Val
Rosandra
Monte
Usello
S. Dorligo
della Valle
Monte
d'Oro
Muggia
Koper
N
O
W
S
ran
alinen von Secovlje
0
2
4 KM

verwendet werden, der zuvor mindestens vierundzwanzig Stunden eingeweicht und in große Stücke zerteilt für eineinhalb Stunden gekocht wurde. Behutsam wird sein Fleisch angerührt, Olivenöl und etwas noch warmes Kochwasser zugegeben, ein wenig gehackte Petersilie, Salz und Pfeffer. Es muß eine dicke, weiße Masse werden. Manche Rezepte sprechen davon, Milch, Sahne oder Kartoffeln bei der Zubereitung zu verwenden: Verlängerer und Aufheller, um mindere Qualität zu vertuschen, bei der sowohl die Haut des Fischs als auch alle dunklen Stellen seines Fleischs mit verrührt wurden und schon farblich Probleme bereiten – vom Geschmack erst gar nicht zu reden. Dabei kann mit den Resten vom entgräteten Fisch eine schmackhafte Pasta zubereitet werden, mit Kapern und schwarzen Oliven, Sardellenfilets und Tomaten, über das sich mindestens das Personal eines guten Restaurants mit Freude hermacht – nur in den famosen Baccalà mantecato gehören diese Bestandteile des Fischs nicht.

Bei den in diesem Buch genannten Rezepten soll die *materia prima*, sollen die mit Sorgfalt ausgewählten Zutaten ihren Geschmack entfalten dürfen.

Essen und Trinken sollen Genuß sein, mit Leidenschaft zelebriert werden. In Triest und seinem Umland gibt es Menschen, die all ihre Passion und Begeisterung in die Erzeugung von Lebensmitteln stekken. Einigen von ihnen sind diese Seiten gewidmet – exemplarisch für ihre Kollegen.

Reben, Vogelhäuser, Eichen und Blumen

CONTOVELLO

Ein Mann bewässert sein Feld. Dann steigt er
so steil ein Treppchen den Berg herab,
daß es scheint, wie er geht, er setze den Fuß
ins Leere. Darunter liegt das grenzenlose Meer.

Er taucht wieder auf, quält sich noch immer
mit jenem Fetzen grauen Lands auf nacktem Felsen,
den das Gestrüpp umkrallt. Ich sitze
im Wirtshaus und trinke diesen herben Wein.

Umberto Saba

Beim Durchblättern alter Zeitungen fällt eine Besonderheit Triests ins Auge: Hier wird und wurde schon immer viel getrunken, mehr als in anderen italienischen Hafenstädten. Der Polizeibericht aus dem ausgehenden 19. Jahrhundert macht Eindruck mit seinen Meldungen über die Trinkfestigkeit der Triestiner, Männer wie Frauen gleichermaßen.

Berühmte Brauereien hatten ihren Sitz in Triest, die längst kalten Kamine sind noch an vielen Stellen sichtbar, und Wein wurde im Umland angebaut, vor allem an den sonnigen Lagen der Steilküste vor der Stadt. Neben dem Molo Venezia, wo die Fischkutter festmachen, wartet die traurige Ruine des ehemaligen »Magazzino dei vini« darauf, einem neuen Gebäude zu weichen. Triest importierte nicht nur für den Eigenkonsum, hier lagerte auch über den Seeweg importierter Wein, der seit Vollendung der »Südbahn«, der Eisenbahnverbindung nach Wien 1857, in Triest umgeschlagen wurde. Neben dem von James Joyce so geliebten Opollo, der in Österreich »Schiller« hieß, lagerten dort Weine aus Griechenland, Dalmatien, Italien und natürlich die aus Triest, dem Karst und Istrien.

Kaum eine andere italienische Stadt verfügt über eine so hohe Dichte an Bars. Der Flaneur muß wahrlich keine Angst haben, wenn er sich im Zentrum oder in einem der Stadtviertel auf den Hügeln verläuft, mit einem trockenen Gaumen umherzuirren. Alle paar Meter findet sich ein Tresen, wo Weine der unterschiedlichsten Herkunft und Qualität ausgeschenkt werden. Der Collio, das sechzig Kilometer entfernte Weinbaugebiet im Friaul, dominiert das Angebot: Tocai oder Chardonnay aus jener Gegend gibt es als *vino sfuso*, offenen Wein, überall, oder roten Cabernet, oft ohne daß spezifiziert würde, ob es sich um einen Cabernet Franc oder Cabernet Sauvignon handelt. Doch wer hofft, hier die Weine des Karsts zu finden, der sich hinter der Stadt erhebt und an dessen Fuß Triest liegt, wird meist enttäuscht werden. Die Stadt ist weiter von ihrem Umland entfernt, als es auf der Landkarte aussieht – ausgelöschte Erinnerung, die Nachwirkungen politischer Schäden des Faschismus, der die slowenischen Karstdörfer von 1922 bis 1945 gewaltsam unterjochte, sowie Ignoranz und provinzieller Snobismus, der all das höher schätzt, was von weiter weg kommt. Es ist eine Triestiner Krankheit, die ihren Höhepunkt darin finden kann, daß eine hochnäsige Sommelière mit stolzem Lächeln verkündet, in ihren Kursen würden die Weine vom Karst *natürlich* nicht behandelt. Dabei hätte die Stadt ohne ihr Umland lange schlechte Karten gehabt: Das Brot brachten die »Pancogole«, die Frauen, aus dem Dorf Servola, die Fischer kamen aus den Ortschaften Bàrcola, Contovello und Santa Croce, Milch trugen Frauen in schweren Kannen zu Fuß von Opicina oder Basovizza ins Zentrum hinunter, Gemüse aus Raute wurde auf dem Markt der Piazza Ponterosso verkauft, Schinken und Fleisch lieferten wieder andere Ortschaften.

Können kommt von Kennen. Ein paar Spitzenrestaurants und die Inhaber einiger Enotheken haben die Weine schließlich durchgesetzt. »Das Staunen war groß, als wir Mitte der Achtziger zum ersten Mal eine Vitovska auf die Weinkarte gesetzt haben«, erinnert sich Giorgio Scabar, Sommelier des gleichnamigen Restaurants. »Es brauchte viel Geduld, die Gäste von dem zu überzeugen, was heute normal ist. Und ohne die Pionierleistung der Wirte wären Feinschmecker und Winzer aufgeschmissen. Ein gutes Restaurant ist ein Ort der Entdeckungen von Aromen, Düften und Geschmäcken. Die Weine vom Karst haben es längst verdient, auch außerhalb der Region bekannt zu werden.«

In der ›Gran Malabar‹ auf der Piazza San Giovanni befindet sich Triests Traditionsenothek. Seit Mitte der achtziger Jahre betreibt sie Walter Cusmich zusammen mit seiner Frau Adriana und Kompagnon Mario. Auch sie setzen in dem allzeit geöffneten Lokal darauf, Weine von Winzern vorzustellen, die ihren guten Ruf verdienen, oder von jungen Leuten, die auf dem richtigen Weg sind. Für Mittelmaß ist sowenig Platz wie für komplizierte, wissenschaftliche Erörterungen des Tropfens im Glas, die eine gelangweilte Bourgeoisie verzweifelt zu betreiben versucht. »Wir wollen genießen«, sagt Walter, »in vollen Schlucken. Und wir können den Gästen mehr bieten als Wein: Entdeckungen.« Fünfzehn Jahre lang hielt er jeden Freitagabend eine Präsentation großer Weine ab, und zur 750. kamen über zweitausend Gäste und Winzer aus vielen Ländern Europas. Doch bei Nummer 800 war Schluß, auch ein Wirt hat ein Recht auf Schlaf, und nur noch ganz besondere Anlässe werden dementsprechend gefeiert.

Steile, in den kahlen Fels gezwungene Straßen führen uns auf den Karst bis zu vierhundert Meter über den Meeresspiegel hinauf. Mit jeder Kurve öffnet sich ein neuer Blick auf die Stadt und den Golf von Triest, der unter uns in der Sonne glänzt. Früher, als es die Küstenstraße noch nicht gab, dominierte das malerische Fischerdorf Contovello den Höhenzug, heute wird der Blick von einer kuriosen, dreieckigen Konstruktion aus den sechziger Jahren angezogen, die im Volksmund *formaggino*, Käsestückchen, genannt wird. Die Pilgerstätte, der Marianentempel Monte Grisa, wurde im Auftrag des Triestiner Bischofs errichtet und leuchtete, als die Welt noch in zwei ideologische Blöcke geteilt war, nachts weit ins »böse kommunistische« Jugoslawien hinüber, dem man zeigte, daß diesseits der »gute Katholizismus« triumphierte. Don Camillo und Peppone lassen grüßen, der Klerus durfte die Scheußlichkeit auf jeden Fall unbehelligt in Gottes unberührte Natur stellen.

Wie ein Gürtel liegt das Karstgebirge um die Stadt Triest, jäh fällt es zum Meer ab und bildet die Steilküste der nördlichen Adria. Auf der Hochebene, bis vor drei Jahrzehnten noch karges, mühsam bestelltes Land, führt uns die Straße in schmucke Dörfer mit zweisprachigen Ortsschildern. Man lebt gut hier oben, und die einstige Armut sieht man den Häusern schon lange nicht mehr an. Der naturgeschützte Karst ist auch für die Städter zu einer begehrten Wohnlage geworden.

Doch früher war das Leben hart auf dem Karst. Jedes Stückchen des schwierigen Bodens ist einst der unwirtlichen Natur entrissen worden. Durch Generationen hindurch wurde er mit Verstand bepflanzt und fruchtbar gemacht. Rot ist die Farbe des Karsts: erzgeädertes Gestein, lehmrote Erde und im Herbst flammendes Laub. Eng zusammengedrängt, wie Schafe im Schneesturm, wurden die grauen Steinhäuser der kleinen Ortschaften gebaut, um der eisigen Bora zu trotzen. Höhlen und klaffende Felsspalten durchziehen das Gebiet, und in den schwarzen Tiefen der unterirdischen Wasserläufe des mythischen Flusses Timavus, den schon Vergil besungen hat, lebt einsam eine über hunderttausend Jahre alte Lurchart, der Grottenolm Proteus Anguinus Laurenti.

Niemand hat die rauhe Landschaft über der Stadt am Meer schöner besungen als Scipio Slataper, der Dichter, der als junger Mann in einer der Isonzo-Schlachten des Ersten Weltkriegs dort fiel, wo er sich am meisten zu Hause fühlte. »Der Karst ist eine Landschaft aus Kalk und Wacholder. Ein furchtbarer, versteinerter Schrei. Felsen, grau von Regen und Flechten, krumm, gespalten, spitz. Dürres Wacholdergestrüpp. Stundenlang Kalk, Wacholder. Das Gras ist widerspenstig. Bora. Sonne. Die Erde hat keinen Frieden, keine Fugen. Sie hat kein Feld, um sich auszubreiten. Jeder ihrer Versuche reißt und versinkt in den Abgrund. Kalte dunkle Grotten. Der Tropfen, der das gestohlene Erdreich mit sich führt, fällt regelmäßig, geheimnisvoll, seit hunderttausend Jahren und weitere hunderttausend Jahre.«

Der Wein in diesem Landstrich war früh schon berühmt. Wenn Plinius d. Ä. (23-79) in seinem Werk *Naturalis Historia* die Wahrheit sagt, dann soll schon Livia, die dritte Gemahlin des römischen Kaisers Augustus, den *nobile vinum pucinum* geliebt haben, und sie wurde angeblich dank einer unbekannten täglichen Dosis 86 Jahre alt. Sie ist die erste Frau, die uns in der langen Geschichte des Weins begegnet, die seine therapeutischen Kräfte als »Elixier für ein langes Leben« empfahl. Vor ihr sollen die alten Griechen den Anbau des *pictaton*, wie sie ihn nannten, in der Gegend betrieben haben. Und auch die Kelten sollen ihn bereits die Kehle hinunterlaufen lassen haben.

Vom Pucinum aber gibt es zweitausend Jahre später kei-

ne Spur mehr, selbst wenn manch ein Aufschneider behauptet, er sei der einzige, der ihn noch anbaue. Über seinen Ursprungsort zankt man unermüdlich. War es beim Karstdorf Prosecco, am Abhang von Contovello, hoch über dem Schloß Miramare oder in der Nähe des Küstenortes Duino, beim Schloß der Torre e Tasso, oder gar im heutigen Friaul, in der Nähe von Aquiléia? Plinius schrieb vom *omnium nigerrima* und liefert zumindest den Hinweis, daß er von dunkler Farbe war und »im Golf des Adriatischen Meeres, nicht weit entfernt von dem steinigen Hügel der Quelle des Timavo, wo die Meeresbrise wenige Amphoren reifen läßt«, wuchs.

Den Karst durchzieht eine politische und eine sprachliche Grenze: Seine ursprünglich slowenische Bevölkerung ist des Italienischen, der Sprache der Stadt, mächtig. Wenn im Sommer die Hitze erbarmungslos über der Stadt liegt, kommen auch die Triestiner herauf, die von der Sprachgewandtheit der Menschen dort profitieren. Es ist kühler hier oben, und unter den alten Bäumen einer Osmiza sitzt man gemütlich und oft mit herrlichem Blick weit übers Meer.

Acht heißt auf slowenisch »osem« – Besenwirtschaft, Straußwirtschaft, Heuriger, Buschenschanken, Frasca, Osmiza: An diesen Einrichtungen läßt sich bemessen, wie weit einst die Herrschaft der Habsburger reichte. Es war ein Dekret von Josef II. aus dem Jahr 1784, das bestimmte, daß die Winzer für acht Tage im Jahr den von ihnen angebauten Wein frei ausschenken durften. Heute sind die meisten Osmize einen Monat lang geöffnet, manche legen Monate später eine zweite Runde von zwei Wochen nach, so lange, bis der Wein getrunken ist, der für den offenen Ausschank bestimmt war. Man sitzt in rustikalen Schankstuben, in spartanisch eingerichteten Kellern mit kahlen Wänden oder im Freien und ißt zum Wein die Wurst der Bauern mit selbstgebackenem Brot, Pancetta, Prosciutto crudo oder arrosto, mit frisch geriebenem Cren (wie der Meerrettich hier heißt), Käse mit den Blüten vom wilden Fenchel bestreut, eingelegte Oliven und andere Köstlichkeiten. Zweisprachige Papptafeln an den Wänden zeigen die Auswahl an, die von Osmiza zu Osmiza variiert, so wie die Qualität des Weins. Ein üppiger Efeustrauß mit einem roten Holzpfeil an den Kreuzungen der Hauptstraßen, die durch den Karst führen, weist den Weg. Das ganze Jahr ist eine dieser Wirtschaften zu finden, im Sommer aber wird es zu einer echten Herausforderung: Allein zwischen den Dörfern Prepotto und Sgonico haben wir in der Hochsaison über zwanzig Osmize gezählt. Frustrierend! Wer schafft sie alle? Jede hat ihre Stammgäste, die der Eröffnung entgegenfiebern, und schon morgens sitzen die Pensionäre dort beim ersten Glas und diskutieren laut im Dialekt des Küstengebiets, der von slowenischen, italienischen und sogar deutschen Worten wimmelt.

Gelatina di Terrano

Gelatine vom Rotwein

Der ideale Begleiter für gut gereiften Käse, zum Beispiel einen Pecorino vom Karst.

Auf kleiner Flamme wird 1/2 l Terrano (oder ein anderer kräftiger Rotwein) mit 100 g Zucker, Zimt, je einem Stück Zitronen- und Orangenschale, Gewürznelken und Zitronensaft eine halbe Stunde lang eingekocht, bis etwa ein Drittel der ursprünglichen Menge übrig ist. Den Topf vom Herd und die Gewürze herausnehmen. 20 g Gelatine werden in etwas kaltem Rotwein gelöst und gut untergemischt. In einem Glasbehälter abkühlen lassen und löffelweise zum Käse servieren.

Küste und Karst bringen von der gleichen Rebsorte ganz unterschiedliche Ergebnisse, die die Einheimischen genau zu unterscheiden wissen. Die älteren Herrschaften aus den Orten des Hochplateaus, Männer mit Händen wie Baggerschaufeln und selbst mit über siebzig Jahren noch unbezwingbare Muskelberge, die Fischer waren, im Hafen oder in den Marmorbrüchen von Aurisina gearbeitet haben, bestellen nur »Bianco« oder »Nero«. Raffiniert ausgebaute Weine liegen ihnen nicht, und skeptisch beäugen sie die Fortschritte mancher Winzer, die inzwischen in viele Länder exportieren und sogar japanische Handelsreisende empfangen, was in der Lokalzeitung als Erfolgsmeldung publiziert wird. Barrique ist ein Teufelswort für diese Herren, und wieviel ein Glas, ein Viertel- oder halber Liter Weißwein vor zehn Jahren, vor der Einführung des Euro oder im letzten Frühjahr gekostet hat, wissen sie noch ganz genau. Wer zu kräftig aufschlägt oder mit dem Wein experimentiert, wird rasch von der Liste der »Pflichtosmize« gestrichen, die man in stetem Rhythmus besucht.

Dabei gibt es nichts Neues unter der Sonne. Von den zwei autochthonen Weißweinstöcken Vitovska und Glera dieses Gebiets wurde eine unter anderem Namen gar weltberühmt. Nach 1830 wurde die Glera ins heutige Prosecco-Gebiet um Valdobbiadene exportiert und erfuhr dort im Laufe der Zeit ihre vielen Mutationen. Doch nicht nur der Weinstock, sondern auch der Name der Ortschaft, wo sie angebaut wurde, fand ihren Weg in die Welt hinaus. Unterhalb des Örtchens Prosecco, oder Prosek auf slowenisch, genoß diese Traube an den Abhängen über dem Meer, von 180° Sonne beschienen, einen privilegierten Standort. Und auch die anderen Weißen dort oben, Malvasia und Vitovska, werden von den Kennern geschätzt; der Wein von der Triestiner Küste wurde einst bis an den Hof in Wien geliefert.

Erst in den Jahrzehnten nach dem Zweiten Weltkrieg, als wirtschaftliche Not viele Zehntausende aus Triest und seinem Umland zur Auswanderung nach Australien, Argentinien oder in die Vereinigten Staaten zwang, wurde das Land vernachlässigt. Und wer blieb, der pflanzte oft die unterschiedlichsten Rebstöcke zwischen die alten – man nahm das, was man haben konnte. Schnell übertrug sich dies in den Sprachgebrauch, wo nur noch »Bianco« und »Nero« übrigblieben. Doch dann wurde wieder einmal alles anders.

Ein Nachmittag im November. Ein alter Torbogen säumt die Einfahrt auf den Hof zwischen den Wirtschaftsgebäuden im Karstdorf Colludrozza, und das erste, was wir sehen, sind Sterne. Ein Heer flammender Blüten. Dreihunderttausend Weihnachtssterne, die in mehreren weitläufigen Gewächshäusern gezüchtet und für den bald anlaufenden Markt gehegt werden. Die Winzerbrüder Valter und Paolo Vodopivec, 30 und 32 Jahre alt, erklären uns lächelnd die Anlagen: Weihnachtssterne jetzt, Geranien, Begonien und andere Topfpflanzen im Frühjahr. Mit dem Wein, den die beiden anbauen, hat das Blütenmeer, das uns umgibt, scheinbar nichts zu tun. Doch in Wirklichkeit sind die Gewächshäuser die Basis für die tatsächliche Leidenschaft der beiden drahtigen Männer, die in ihren Arbeitsoveralls mit dem »Agip«-Schriftzug auch als Tankwarte durchgehen könnten. Bis vor einigen Jahren noch bauten sie zwei Rebsorten an, die für den Triestiner Karst typisch sind, Terrano und Vitovska, inzwischen haben sie den Terrano durch die Vitovska komplett ersetzt und beschränken sich ausschließlich auf diese eine Rebsorte. Die beiden Brüder sind besessen von ihr, und ihre »Vitovska 2001« wurde von einem renommierten Führer unter die besten sechs Weißweine Italiens des Jahres 2004 gewählt. Paolo fährt jeden Tag dreißig Kilometer weit zum Anwesen, das die Eltern seinem Bruder Valter und ihm zur Bewirtschaftung überlassen haben. Zuerst sollen wir die Weingärten sehen, meint er, stapft in Gummistiefeln auf einem steinigen Feldweg voran und weicht auch den Pfützen vom letzten Regenfall nicht aus. »Wir reduzieren die Ausbeute pro Rebstock aufs extremste«, sagt er. »Ein halbes Kilo Trauben höchstens. Die Kraft des Stocks und des Bodens soll nur in diese Trauben fließen. Dafür pflanzen wir mehr Stöcke auf dem Grund, als dies bisher üblich war, und halten sie sehr niedrig. Auf dem Karst weht immer eine leichte Brise, das erleichtert vieles. Schädlinge werden weggetragen, für die wenigen Behandlungen, die nötig sind, verwenden wir keine Chemie.« Er macht eine wegwerfende Handbewegung. »Biologisch? Quatsch! Der Begriff läßt inzwischen Dinge zu, die wir nicht im Traum einsetzen würden. Wir sind weiter.« Während andere Winzer ihre Reben mit grünen Kunststoffnetzen abdekken und Vogelscheuchen aufstellen, stehen in den Weingärten der Brüder Vodopivec hohe Pfähle mit Vogelhäusern. Und auch Bäume, Eichen mit dicken Stämmen, wurden nicht gefällt, sondern beibehalten. »Monokultur bringt nichts. Die Vögel sind uns ein wichtiger Hinweis. Zum einen fressen sie Insekten, zum anderen gibt uns der Reichtum der Arten auf unserem Land die Sicherheit, daß wir nichts falsch machen. Man darf sich nicht auf faule Kompromisse einlassen, wenn man die Qualität nicht ruinieren will. Kein Dünger kommt zum Einsatz und keine Bewässerung. Der Unterschied liegt in unserer Philosophie. Was man im Weingarten versäumt, kann man im Keller nicht wiedergutmachen.« Vier- bis sechstausend Flaschen pro Jahr von viereinhalb Hektar Grund. Es gehören Entschlossenheit und Mut dazu sowie das Vertrauen in den gewählten Weg. »Wo andere Winzer ihre Bilanz damit aufbessern, allgemeine Rebsorten wie Chardonnay oder

Sauvignon anzubauen, die mit dem Karst nichts zu tun haben, verlassen wir uns auf unsere Blumen.«

Es dämmert bereits, als Paolo Vodopivec uns in den Ort zurückführt und endlich das Losungswort ausspricht: »Cantina!« Auch sein Bruder Valter kommt jetzt hinzu, er hat für heute die Arbeit in den Gewächshäusern beendet. Auf die Frage, ob denn die Familie schon immer Wein angebaut habe, schütteln die beiden den Kopf. »Nur die Großeltern ein bißchen. Die Zeiten waren schwierig, man mußte sich auf anderes konzentrieren. Die Vodopivec gibt es laut dem Kirchenregister seit dem sechzehnten Jahrhundert hier, und ihr Hof gab auch vielen Leuten in der Umgebung Nahrung.« Lag im Bruch mit der Tradition vielleicht die Chance, die Valter und Paolo genutzt haben?

Wir stehen zwischen drei Meter hohen Eichenfässern, auf denen mit Kreide Lage und Jahrgang vermerkt sind. In ein paar Monaten wird der Wein aus dem Jahr 2002 abgefüllt, aber die Brüder sind couragiert schon wieder einen Schritt weitergegangen. Mit dem 2003er haben sie begonnen, die Lagen nach der Qualität der Böden zu trennen. Es gibt magere, steinige Böden, die mineralreicheren Wein erzeugen, und fette Lagen. Es gilt, das ideale Gleichgewicht zwischen den beiden zu finden. Paolo öffnet den Hahn am Faß mit der Aufschrift 2002 und füllt unsere Gläser. Ein volles, blumiges Aroma entfaltet sich, und die Nase kann nicht genug davon bekommen. Sofort schränken die Brüder ein, daß der Wein noch nicht »fertig« und die Kellertemperatur zu tief sei, doch wir genießen ihn mit Vergnügen. »Die Reinheit, die wir auf dem Feld betreiben, setzen wir im Keller fort. Wir lesen zum spätestmöglichen Zeitpunkt, wie ein Rotwein vergärt die weiße Vitovska dann zwölf bis dreizehn Tage auf der Maische, ohne daß wir die Temperatur beeinflussen und ohne Zugabe von Hefe oder anderem Zeug. Mit alten

Pressen wird schließlich gekeltert, und dann kommt der Wein für zwei Jahre in große Holzfässer. Wir haben weder Beton- noch Edelstahltanks. Unsere Eichenfässer kommen aus Slawonien, aus dem Norden Kroatiens, und sind aus drei bis fünf Jahre gelagertem Holz. Die Pflege der Fässer ist von Bedeutung, ansonsten beschränken wir uns auf ein Minimum an Eingriffen. Wein lebt und verändert sich von Tag zu Tag. Er sollte in seiner Entwicklung nicht gestört werden.« Nach zwei Jahren im Faß wird er unfiltriert abgefüllt und muß weitere sechs Monate ruhen, bevor die beiden Brüder ihn schließlich dem Markt überlassen.

Jedesmal wenn Paolo den Hahn an einem neuen Faß öffnet, fügt er, als wollte er sich entschuldigen, sofort hinzu, daß der Wein eigentlich noch viel zu jung zum Trinken sei. Doch unsere Nasen und Gaumen sind begeistert. Und als wir schließlich vor den Fässern mit dem Jahrgang 2004 stehen, sehen wir auch die Bezeichnung der Lagen: »Ruje« und »Lehte«, fetter und magerer Boden. Wir genießen den »wahren« Geschmack von Traube und Boden. Leider kommt dieser Wein erst in drei Jahren auf den Markt, wir vergnügen uns inzwischen mit dem 2001er, der kaum besser zu beschreiben ist, als es der erwähnte Weinführer getan hat: »Von unbeschreiblicher Originalität. Fast die ganze Geschmacksvielfalt eines Dessertweins, doch dieser Wein ist trocken und samtig auf dem Gaumen.« Wir fügen nur hinzu, daß er ein hervorragender Begleiter zu geräuchertem Fisch ist, zu Kalbsbraten in Kräuterkruste oder einer Kastaniensuppe mit Steinpilzen.

Minestra di castagne e funghi porcini

Suppe von Kastanien und Steinpilzen

Zutaten für 6 Personen:

500 g Eßkastanien
3 Zwiebeln
Olivenöl
Rotwein
500 g Steinpilze
3 feingehackte Knoblauchzehen
1 EL frischer Majoran und Thymian, gehackt
Gemüsebrühe
Salz und Pfeffer

Die Kastanien, deren Schalen vorher kreuzweise eingeschnitten wurden, kochen, schälen und häuten. Die Zwiebeln schälen, fein schneiden und in etwas Öl glasig dünsten. Zu den Kastanien geben und alles zusammen pürieren, Rotwein zugeben, bis sie bedeckt sind, und bei kleiner Flamme köcheln.

Die Steinpilze mit einem feuchten Tuch abreiben, nicht waschen, in Scheiben schneiden und in einer Pfanne mit etwas Öl, dem Knoblauch und den Kräutern braten.

Die Steinpilze der inzwischen eingekochten Masse aus Zwiebeln, Kastanien und Wein zugeben und soviel Brühe hinzufügen, bis die gewünschte Konsistenz der Suppe erreicht ist. Mit Salz und Pfeffer abschmecken.

Im Örtchen Prepotto wurde Pionierarbeit betrieben, als Danilo Lupinc einen Neubeginn wagte und 1980 zum ersten Mal wieder die Vitovska in Flaschen abfüllte und bald Nachahmer fand, mit denen zusammen dann das Ursprungsgebiet »DOC Carso« und die zugehörige Winzervereinigung gegründet wurde. Prepotto ist ein magischer Ort, von dem man einen märchenhaften Blick auf den westlichen Teil des Golfs von Triest hat, über die Isonzomündung und weit hinaus über die Lagune von Grado, deren kleine Inselchen bei klarer Sicht auf dem Wasser zu tanzen scheinen. Vier namhafte Winzer haben in dieser winzigen Gemeinde ihr Zuhause. Edi Kante war es, der mit Professionalität, Ehrgeiz und Weitsicht die Weine in großen Schritten weiterentwickelte und als erster ausländische Märkte eroberte. In den Stein des Karsts ließ er zwei enorme senkrechte Löcher treiben: aus der Vogelperspektive eine querliegende Acht als Zeichen für die Unendlichkeit, die dem über die Jahrtausende ausgewaschenen Karstgestein zugrunde liegt. Nur ein steiniger Weg führt dorthin, wo zwei Schuppen stehen und ein Hühnerstall. Wer ahnt schon, daß sich darunter eine drei Stockwerke tiefe Anlage befindet: blanker, erzhaltiger, rotgeäderter Fels, an dem das Wasser herunterrinnt, grauer Stahlbeton des in der Wunde des Karsts errichteten Bauwerks, das Holz der kleinen Eichenfässer, in denen der Wein reift, und das Blitzen des Edelstahls der Arbeitsgeräte im Licht der Neonlampen. Kelter und Keller, in Arbeitsebenen getrennt, avantgardistisch wie Edi Kantes Brille und sein Bemühen, seinem Wein zu internationalem Ruhm zu verhelfen, mit dem er Kollegen und Konkurrenten anstiftete, ihm nachzueifern. Doch Kante beschränkte sich nicht auf die autochthonen Reben: Sein Sauvignon von 1999 ist der zweite Weißwein, neben der Vitovska 2001 der Brüder Vodopivec, der kürzlich vom gleichen Führer ebenfalls zu den sechs besten gezählt wurde. Zwei von sechs – aus einem Gebiet, das noch immer als Geheimtip gehandelt wird.

So klein das Anbaugebiet auch ist, noch einer wurde ausgezeichnet: Der Terrano 2002 von Benjamin Zidarich wurde bei den Rotweinen gepriesen. Ein Wein wie der Karst ist der Terrano und manchem anfangs so unzugänglich wie die Natur, die ihn produziert. Erst mit der Zeit zeigt er sich vertrauter, wird nach Monaten der Reife angenehmer, ohne aber seinen extremen Charakter zu verlieren. Die im Umland weitverbreitete Refosco-Traube ist eine eigene Symbiose mit der roten Erde und dem harten Klima des Karsts eingegangen. Es ist ein erdiger Rotwein mit viel Säure, ein Schock auf der Zunge, wenn man ihn zum ersten Mal trinkt. Seine Farbe ist dunkelrot, fast schwarz: »Un nero« bestellen deshalb die Alten, wenn sie in die Osmiza kommen. Benjamin Zidarich ist stolz auf diesen Wein, und seit Jahren baut auch er eine neue, beeindruckende Cantina. Unzählige Kubikmeter Stein ließ er aus dem Karst herausschneiden, in handhabbare Blöcke zerteilen, aus denen schließlich das Kellergewölbe und die Außenmauern der oberen Stockwerke entstanden. Seine Weißweine, Vitovska und Malvasia, sowie der »Prulke«, benannt nach dem alten Namen eines Flurstücks, sind ausgezeichnet. Auch Benjamin setzt auf Qualität statt Quantität. Und noch etwas macht ihn besonders: Im März öffnet er das große Hoftor, das zu seinem Gehöft führt. Ein Efeustrauß mit einem roten Holzpfeil signalisiert den Weg zu seiner Osmiza, in der seine Eltern, seine Frau und seine Schwester mitarbeiten. Manchmal sucht man vergebens einen Sitzplatz in dem schönen Schankraum, und wenn das Wetter es zuläßt, dann sind auch draußen alle Tische belegt. Wer einmal sitzt, will sich einfach nicht mehr erheben.

Seine Nachbarn Boris und Maria Škerk sind einen Monat später dran. Ihre Osmiza ist wundervoll, und die Weine sind elegant, so gut wie die Schinken und Würste von den eigenen Schweinen. Und auch von hier öffnet sich für denjenigen der Blick hinab aufs Meer, der die warmen Aprilnachmittage an den Holztischen im Hof verbringen kann, unter denen der Haushund geduldig darauf wartet, daß ein Häppchen für ihn abfällt. Boris und Maria haben noch vor ihrem Nachbarn einen neuen Weinkeller in den Karstfels schneiden lassen. Mit Stahlseilen wurden mächtige Blöcke herausgetrennt; der Verlauf des Schneidewerks ziert Wände und Boden in beeindruckenden Mustern. Für den Besucher mag es überraschend sein, daß bei den Arbeiten die Öffnung zu einer Grotte gefunden wurde. Fünfzig Meter sind bis jetzt erkundet, und sie führt noch weiter. Speleologen finden es ganz normal, daß sich hier ein Abgrund aufgetan hat. Der Karst ist reich an Grotten, und seine Tiefen sind noch lange nicht erforscht. Allein ihr ältester Bewohner, der Grottenolm Proteus Anguinus Laurenti, Herrscher des Untergrunds, kennt sie alle.

Wir gehen zurück zu Danilo Lupinc, der von Mai bis Oktober einen florierenden »Agriturismo« führt. Im Prinzip ist dies nichts anderes als eine ständig geöffnete Osmiza, wo man auch warme Speisen bekommt. Liebevoll ist das Gelände angelegt, man sitzt im Schatten alter Bäume, wenn die Stadt am Meer unter der Hitze ächzt. Gulasch mit Gnocchi di Pane, Semmelknödeln, Čevapčići oder Brathuhn, mit Zukker und Zimt bestreute Gnocchi di Susine, Zwetschgenknödel. Danilo wiederum baut seine Weine nur im Stahlfaß aus und besteht darauf, sie nicht anders zu beeinflussen. Die Philosophien sind alle verschieden, und jeder dieser Weine eröffnet eine neue Geschmackswelt. Wir sind glücklich, daß die Auswahl groß ist, und wollten auf keinen Schluck verzichten.

Gnocchi di Susine

Zwetschgenknödel

Es ist ein wunderbares Gericht, das auf dem Karst sowohl als Vorspeise, beim Hauptgang (z. B. Wild) als Beilage oder auch als Nachtisch gegessen wird. Wer nicht auf die ersten Zwetschgen warten will, kann es auch mit Aprikosen versuchen.

Zutaten für 6 Personen:
Für den Teig:
1 kg mehligkochende Kartoffeln
Salz
1 Ei
200 g Mehl

Für die Füllung:
12 Zwetschgen
Zucker
3 EL Semmelbrösel
150 g Butter
Zimt

Die Kartoffeln in Salzwasser kochen, schälen und auf der Arbeitsfläche zerdrücken. Sobald sie abgekühlt sind, das Ei, Salz und das Mehl zugeben und zu einem kompakten Teig kneten.

Die Zwetschgen entkernen, einen Teelöffel Zucker hineingeben, schließen, mit Teig umhüllen und zu schönen Knödeln formen.

Die Knödel in kochendes Salzwasser geben. Wenn sie an die Oberfläche steigen, noch ein paar Minuten weiterkochen.

Die Semmelbrösel in einer kleinen Pfanne mit der Butter anrösten und zusammen mit Zucker und Zimt über die Knödel geben.

Auch dem Wanderer kann es ein Vergnügen sein, Karst und Steilküste zu erkunden, die am Weg gelegenen Osmize ersetzen den Rucksack. Und selbst wer sich mit einem ausgiebigen Spaziergang zufriedengibt, findet immer wieder schöne Wege. »Gemina« hieß die alte römische Handelsstraße, die einst Aquiléia mit Illyrien verband. Teile von ihr sind inzwischen für Fußgänger und Reiter in Schuß gebracht. Wer sich aber von der Stadtmitte mit dem Tram d'Opicina zum Obelisken hinaufbringen läßt, dem steht ein langer Fußmarsch mit kaum enden wollender Aussicht über Santa Croce und Sistiana bis nach Duino offen. Die Rückfahrt kann stets mit dem Bus gemacht werden.

Von Prepotto führt die Fahrt mit dem Wagen Richtung Triest nach Santa Croce, dem zweiten Fischerdorf auf dem Karst, und von dort über ein schmales, steil abfallendes Sträßchen zur Strada Costiera. Wie gar nicht allzu alte Fotos belegen, war an der Costiera, dem zwanzig Kilometer langen Küstenstreifen im Nordwesten Triests, einst jeder Quadratzentimeter terrassiert und mit Reben oder Olivenbäumen bewirtschaftet. Doch die Abkehr von der Landwirtschaft ließ Brachland gedeihen, und auch die Erbfolgen, bei denen die Parzellen in die Hand vieler Kinder und Verwandter kamen, förderten das Bewußtsein für die Pflege des Terrains nicht. Es ist keine Seltenheit, daß sich ein Fetzen Land von 150 Quadratmetern im Eigentum von zehn Parteien befindet, die sich nicht darüber einigen können, was damit geschehen soll. Und natürlich wurde inzwischen die Arbeit beschwerlich, die man früher ohne Murren verrichtete. Denn noch heute muß jede mit Trauben gefüllte Bütte über verschlungene Wege zwischen den Weinlagen, auf steilen Treppen mit hohen Stufen bis zu einem der wenigen Fahrwege hinaufgetragen werden, wo die *ape*, die dreirädrigen Allzweckfahrzeuge, warten, die sie schließlich, mit knatterndem Motor und im kleinsten Gang, die Steigung ins Dorf hinaufbefördern.

Die *vendemmia*, die Weinlese, ist ein Fest in den Dörfern. Man hat längst begriffen, daß im Leben fast alles nur halb so schwer ist, wenn man es nicht allein machen muß. Morgens um neun ziehen wir mit zwanzig Freunden in die Weinberge. Es wird gesungen – und gescherzt, daß wer nicht singt, Trauben ißt, anstatt zu lesen. Gegen halb elf rufen Frauenstimmen von oben »Merenda« – Zeit für eine Pause, Schinken, Käse, Gulasch und das erste Glas Wein oder »Spritz« mit Mineralwasser. Wenn wir in den Weinbergen unseres Freundes Sandro Bibc arbeiten, die nur wenige Meter über dem Meer liegen, wo er eine einfache, spritzige Glera anbaut, dann bringt seine Mutter Jolanda das Essen von ihrem Restaurant ›Bellariva‹, das direkt beim Meeresbiologischen Institut am Meer liegt. Bergeweise Canoce, Meeresheuschrecken, panierte und fritierte Sardinen und vieles mehr, was sie zusammen mit Srečko, ihrem Mann, dem letzten Fischer vom Dorf Santa Croce, aus dem Meer gezogen hat.

Am 11. November, dem Martinstag, wird der neue Wein zum ersten Mal ausgeschenkt. Im Dorf Prosecco wird dieses Ereignis mit einem Jahrmarkt gefeiert, in den alten Gasthäusern sitzen schon morgens um neun Uhr Männer mit roten Gesichtern und essen tellerweise Gulasch oder Kutteln. Einen Tip für den Weihnachtsreisenden wollen wir auf keinen Fall unterschlagen: Nahe dem Zentrum Triests liegt auf halber Höhe ein Gebiet, das man Piscanči nennt. Hier hängt der Winzer Silvano Ferluga den Efeustrauß in der Woche vor den Feiertagen hinaus und öffnet die Türen seines Anwesens. Es ist ein wunderbarer Platz, von dem man auf die Stadt und das riesige Gelände des alten Hafens hinunterschaut, und auch seine Weine gehören zu unseren Lieblingen: Malvasia, Vitovska und Sauvignon. Auch Silvano betreibt sein Handwerk der langen Vergärung auf der Maische mit großem Können und sprühendem Enthusiasmus. Und wer zur rechten Zeit in seine Osmiza kommt, findet vielleicht auch einen Parkplatz vor der Tür und einen freien Tisch neben dem gußeisernen Ofen.

»Man kann den Esel nicht zum Scheißen zwingen«

»Die Bäume gingen hin, um einen König über sich zu salben, und sprachen zum Ölbaum: Sei unser König!
Aber der Ölbaum antwortete ihnen: Soll ich meine Fettigkeit lassen, die Götter und Menschen an mir preisen, und hingehen, über den Bäumen zu schweben?«

Buch der Richter 9,8-9

Am 4. August 1972 erwacht die Stadt um 3.15 Uhr schlagartig durch die erste Explosion, der im Abstand von ein paar Minuten drei weitere folgen. Ein enormer Pilz aus Rauch und Feuer erhebt sich mehr als einen Kilometer hoch über die Ebene von San Dorligo della Valle und ist von jedem Punkt der Stadt sichtbar. Tank Nummer 44 mit achtzigtausend Tonnen Rohöl hält der Erschütterung stand, doch in den Wänden dreier anderer bilden sich Risse, aus denen das Rohöl in Sturzbächen herausfließt und sich entzündet. Noch während des Beginns der Löscharbeiten werden Betonsplitter geborgen und nach Sprengstoffresten untersucht. Feuerwehrleute aus dem ganzen Nordosten Italiens werden zusammengezogen und als erstes die Tankbehälter abgepumpt, die in nächster Nähe stehen. Die Gefahr ist groß, daß die ganze Anlage der Ölversorgung für Österreich und Süddeutschland in die Luft fliegt. Am Nachmittag verfinstert sich die Sonne durch einen weiteren Rauchpilz, der von Tank Nummer 55 aufsteigt. Doch Pumpanlagen und Rohre der Transalpin-Pipeline nach Wien-Schwechat und Ingolstadt halten stand, und fünfzigtausend Tonnen Rohöl erreichen Deutschland. Die Löscharbeiten dauern Tage, und die Angst im nahen San Dorligo della Valle ist groß: Die Evakuierung wird eingeleitet, Schlafplätze in den Schulen Triests werden bereitgehalten. Am Nachmittag des 6. August geht bei der Presseagentur »Beirut Wafa« ein Bekennerschreiben ein: Die palästinensische Terrorgruppe »Schwarzer September« übernimmt die Verantwortung für den Anschlag, der sich laut ihrem Wortlaut »gegen die Feinde der palästinensischen Revolution und gegen imperialistische Interessen, die den Zionismus unterstützen, wendet. Dieser Anschlag steht im Einklang mit den anderen Operationen, die in der Bundesrepublik Deutschland und anderen europäischen Ländern verübt wurden«. Mit Skepsis wird diese Meldung anfangs aufgenommen, wer hätte schon gedacht, daß das friedliche und in jenen Jahren an den Rand des europäischen Bewußtseins gedrängte Triest plötzlich eine Rolle in der gespannten Weltlage zugewiesen bekäme. Obgleich die Flammen noch immer lodern, beruhigt sich die Lage in San Dorligo und den Nachbargemeinden. Am 7. August wird eine erste Zwischenbilanz gezogen: Über 116 000 Tonnen Rohöl haben sich in Rauch verwandelt, der Schaden an der Anlage geht in die Millionen. Der intakte Teil des Ölterminals aber hat die Arbeit kaum unterbrochen und die Ölversorgung nach Norden bis auf kurze Pausen aufrechterhalten.

Am 6. September 1972 findet während der Olympischen Spiele in München die Geiselnahme israelischer Sportler durch palästinensische Attentäter statt, der Befreiungsversuch auf dem Militärflughafen Fürstenfeldbruck endet in einem Blutbad, bei dem auch fünf Fedajin erschossen werden. Die Witwe eines der Terroristen erklärt, daß diese auch den Anschlag in Triest durchgeführt hätten.

Das Tal, in dem die mächtigen Öltanks stehen, von der die Transalpin-Pipeline über den Karst und weiter über die Alpen führt, erreicht man vom Stadtzentrum in zwanzigminütiger Fahrt auf einer mehrspurigen Hochstraße, die über ganze Stadtviertel am neuen Hafen entlang ins Industriegebiet führt. Rasch wechselnde Bilder: Containerhafen, Reparaturwerften, Holzhafen, Kaffeehafen, ein Tunnel, über dem der Stadtteil Servola thront, das Dorf, in dem früher das Brot für die Städter gebacken wurde, wenig später das graue Monster des Stahlwerks, aus dessen Essen meterhohe Flammen treten, ein Werk für riesige Lastkräne, auf deren Auslegern »Port Said« oder »Port autonome de Marseille« zu lesen steht, das Gebäude des Triestiner Likörherstellers Stock, der sich heute im Besitz der deutschen Eckes AG befindet, dann der rotweiße Kamin mit dem Illy-Logo und der Geruch von geröstetem Kaffee, der in der Luft liegt. Bei den riesigen Fertigungshallen der »Grande Motori« (die inzwischen zur finnischen Wärtsilä gehört), wo meterhohe Schiffsturbinen gebaut werden, biegen wir ab. Es sind nur noch wenige Kilometer bis zur Grenze zum Nachbarland Slowenien, dessen Hoheitsgebiet auf den umliegenden Hügeln beginnt. Die monsterhaften Öltanks der »SIOT« liegen zu unserer Rechten hinter unüberwindbaren Zäunen. Eine kleine Straße führt nach Dolina. »Città dell'Olio« steht am Ortsschild, doch das bezieht sich nicht auf die Transalpin-Pipeline, sondern auf eine jahrtausendealte Tradition: Olivenöl.

Im Tal der Rosandra pflegte man schon vor den Römern die Olivenhaine, doch erst seit Mitte der achtziger Jahre hat man den Anbau wieder systematisch, anfangs durch die Landesregierung gefördert, aufgenommen. Zum Monte d'Oro wollen wir, wo Vitjan Sancin sein Anwesen hat. Auf die Visitenkarte hat er ein »Dottor« vor seinen Namen drukken lassen. Sancin hat in den Siebzigern an der Universität Ljubljana in Agrarwissenschaften promoviert und von dort das neuerworbene Wissen in sein Heimatdorf Dolina zurückgebracht. »Angefangen hat alles 1977 mit Kiwis«, erklärt er. »Auf einem halben Hektar Land, das ich von der Gemeinde gepachtet hatte. Ich war der erste hier, der Kiwis anbaute, und wurde dafür ziemlich schräg angeschaut. Wer traute schon dieser importierten Frucht?« Wir gehen eine Rampe zum Keller hinunter, und ohrenbetäubender Lärm dringt uns entgegen. Kistenweise stehen Oliven vor einer nagelneuen Maschine: Ein Teil der Ernte wird vor der Weiterverarbeitung entkernt. Dieses Verfahren erprobt Vitjan Sancin in diesem Jahr zum ersten Mal und hat dafür investiert. Auf einer Seite der neuen Maschine spritzen die Kerne heraus, das Fruchtfleisch hingegen wird über einen dicken Schlauch in die Ölpresse gepumpt, aus der uns der intensive und fruchtige Geruch des frischen Öls in die Nase steigt, das einem dicken, tiefgrünen Brei entzogen wird. Es ist ein sinnlicher Vorgang, der nur durch den Lärm der Maschinen beeinträchtigt wird. »1983 war der Neuanfang. Die Region richtete Kurse aus, um die Rekultivierung des Olivenanbaus zu fördern.« Sancin schüttet eine Kiste Oliven, deren Farbe zwischen fröhlichem Rotgrün und reifem, dunklem Violett oszilliert, in den Trichter der Entkernungsmaschine. »Im Moment arbeiten wir fast rund um die Uhr. Die Oliven müssen sofort nach der Ernte verarbeitet werden. Jeder Tag, den sie unverarbeitet liegenbleiben, ist verlorene Qualität. 1984 habe ich zweitausend neue Bäume dort drüben auf dem Hügel gepflanzt, dem ›Čelo‹, wie sein alter Name lautete, bevor er zu ›Monte Usello‹ italianisiert wurde. Doch der Winter 1985 war extrem kalt, und fast keiner der Bäume überlebte. Zwei Jahre später habe ich einen neuen Versuch gewagt und 1992 mein erstes Öl in Flaschen abgefüllt und etikettiert. Von diesem Hügel kam der Impuls für die ganze Region Friaul-Julisch Venetien, eine vergessene Tradition wiederaufzunehmen. Seit ein paar Jahren sind wir Mitglied in der Vereinigung ›Città dell'Olio‹, und vor kurzem hat uns Brüssel auch das ›DOP Tergeste‹ zugestanden. Die ›Denominazine di Origine Protetta‹ bezieht sich aber nur auf unsere eigene, autochthone Olivensorte, die ›Belica‹ oder ›Bianchera‹, wie sie auf italienisch heißt. Die Sorten, die wir in den letzten Jahren aus anderen Gebieten übernommen haben, fallen nicht darunter.«

In der Cantina, in der die Entkernungsmaschine rattert, die Vitjan Sancin mit lauter Stimme zu übertönen versucht, stehen auch die Stahltanks seiner Weinproduktion, mit der er 1994 begonnen hatte. »Wein und Öl sind zwei komplementäre Produkte des mediterranen Raums, die bestens harmonieren, im Anbau wie bei der Ernährung. Wein ohne Öl, oder Öl ohne Wein anzubauen, würde bedeuten, auf etwas Elementares zu verzichten.« Dottor Vitjan Sancin lacht und zeigt seine Zahnlücke, dann entkorkt er eine Flasche und schenkt ein. Schließlich zeigt er uns den Prototyp einer neuen Flasche, die einem riesigen Parfumflakon ähnelt. Darin wird er das neue, entkernte Öl präsentieren.

Bagnoli della Rosandra. Eine kleine Ortschaft, hinter der der beeindruckende Naturschutzpark »Val Rosandra« beginnt, durch den herrliche Wanderwege führen, unter alten Bäumen am Flüßchen entlang und tief unter steil aufragenden, kahlen Abhängen. Dreiviertel des Artenreichtums der gesamten Gegend ist hier zu Hause, und der Wanderer macht vergnügte Rast in einem kleinen Gasthaus ein paar Schritte vor der grünen Grenze. Die Quellen der Rosandra liegen weit oben im fast fünfhundert Meter hohen Monte Carso. Ein römisches Aquädukt, das vor über zweitausend Jahren das Gewässer gezielt in die umliegenden Gemeinden geführt hatte, ist an manchen Stellen im Val Rosandra noch unversehrt. Natürlich hat es früher die Mühlen im Tal betrieben und vermutlich auch die Ölpressen der Römer. Manche der großen Mahlsteine sind später beim Hausbau verwendet worden und heben sich in den Fassaden vom grauen Bruchstein deutlich ab.

Hier also trennt sich die Welt aus Butter und Olivenöl: »So erstreckt sich denn der Mittelmeerraum vom ersten Ölbaum, dem man von Norden kommend begegnet, bis zum ersten dichten Palmenhain, der in der Wüste vor einem erscheint«, schrieb der französische Historiker Fernand Braudel in seinem wunderbaren Buch *Die Welt des Mittelmeers*. Hier im Val Rosandra wächst der Ölbaum gerade noch, und der harte klimatische Kontrast zwischen dem kalten Karstgebirge und der stets wärmeren Adria sowie die hohe nördliche Lage des Anbaugebiets sind die Voraussetzung für besonders gute Olivenöle.

Tonno sott'olio

Thunfisch in Olivenöl

Wer sagt denn, daß man alles in Dosen kaufen muß? Eingelegten Thunfisch kann man leicht selbst zubereiten, kennt dann die Zutaten genau und kann vor allem das Öl wählen, das man bevorzugt. In Öl konserviert und an einem kühlen Ort aufbewahrt, hält sich der Fisch drei Monate.

Für ein 1/2 kg Thunfisch 1 1/2 l Wasser mit 15 g Salz, einem frischen Lorbeerblatt, einer Zwiebel, schwarzen Pfefferkörnern, einem Eßlöffel Essig und 15 g Knollensellerie erhitzen. Wenn das Wasser kocht, den zuvor in große Stücke geschnittenen Thunfisch hinzufügen und 10 Minuten bei kleiner Flamme mitkochen. Abgießen, abkühlen lassen, in Einmachgläser geben und Olivenöl extra vergine zugießen, bis er vollständig bedeckt ist.

Acciughe salate sott'olio
Gesalzene Sardellen in Olivenöl

Das gilt natürlich auch für die kostbaren Alici, wenn sie sehr frisch auf dem Markt zu finden sind. Jeder hat eine andere Rezeptur dafür, für den Hausgebrauch allerdings sollte sie einfach sein und nicht Monate dauern.

Die Sardellen ausnehmen, waschen und trockentupfen. In einem geeigneten Behälter mit grobem Meersalz vollständig bedecken und mit einem Gewicht beschweren. Mindestens zwölf Stunden marinieren lassen, danach herausnehmen. Das Salz abwaschen, die Sardellen in ein Glas geben und mit Olivenöl extra vergine begießen, bis sie vollständig vom Öl bedeckt sind. Das Öl konserviert die Alici luftdicht für drei Monate.

»Wenn aber nun einige von den Zweigen ausgebrochen wurden und du, der ein wilder Ölzweig warst, in den Ölbaum eingepfropft worden bist und teilbekommen hast an der Wurzel und dem Saft des Ölbaums, so rühme dich nicht gegenüber den Zweigen. Rühmst du dich aber, so sollst du wissen, daß nicht du die Wurzel trägst, sondern die Wurzel trägt dich.« Das Zitat aus Paulus' »Brief an die Römer« könnte das Motto für die folgende Begegnung sein.

Am Beginn des kleinen Platzes von Bagnoli steht das Haus, in dessen Erdgeschoß die Konditorei Ota ihre Verkaufsräume hat und begehrte Schokoladen herstellt, für die die Kunden ohne Zögern eine weite Anfahrt in Kauf nehmen. Doch wir haben eine andere Verabredung. Im zweiten Stock befindet sich das Architekturbüro der Brüder Paolo und Roberto Starec. Die beiden Vierzigjährigen haben einen guten Ruf in diesem Metier, sind für ihre klaren Linien und den puristischen Umgang mit dem zum Einsatz kommenden Material bekannt. Einige herausragende moderne Häuser, die sich har-

monisch in die Umgebung des rauhen Karstaufstiegs einfügen, wurden von ihnen entworfen. Und auch als Grafiker sind sie tätig. Doch ihre verbindlichste Leidenschaft gehört den Oliven, vererbt durch die Eltern und bereits weitergegeben an Paolos Sohn Erik. Sie haben den Schriftschnitt ›New Alphabet‹ aus dem Jahr 1967 des holländischen Typographen Wim Crowel für den Entwurf des Etiketts gewählt, das die Flaschen ihres Olivenöls ziert, die in elegante Kartons verpackt sind. Orange und schwarz sind die Farben des gewählten Corporate Designs, das sich immer wieder überraschend bemerkbar macht, bis hin zur hypermodernen Architektur ihrer Ölmühle. »Mühle« – das klingt romantisch und ist ein anachronistischer Begriff für dieses Anwesen mit der knalligen orangefarbenen Fassade, der puristischen Architektur, in deren Inneren der Schriftzug sich auf hohen Glaswänden wiederholt. Edelstahlpaneele zieren statt Kacheln die Wände, die Beleuchtung paßt, und mit dem auf Hochglanz polierten technischen Gerät wirkt alles eher futuristisch als einer so archaischen Frucht wie der Olive verschrieben. Doch die Anlage bietet einen bemerkenswerten ästhetischen Effekt. Sobald auch nur eine einzige Olive auf einer der blanken Flächen zum Liegen kommt, tritt die Umgebung optisch völlig zurück. Zuerst aber sollen wir die Bäume sehen und das Land, wo alles beginnt.

»Ihr werdet den Unterschied gleich selbst erkennen.« Paolo Starec, in schwerer Lederjacke und mit kahlem Kopf, steigt nicht von einer Harley-Davidson, sondern aus seinem Kombi und führt uns den »Čelo« hinauf, wo auch seine Olivenhaine liegen. Der Hügel, auf dem alles wieder angefangen hat, als man sich an die alten Olivenplantagen erinnerte, ist fest in der Hand der vier Hauptproduzenten, deren Produkte jedoch so unterschiedlich sind wie die Pflege der Pflanzen. Man sieht es schon an den Bäumen, wie weit die Philosophien auseinanderliegen. Die Kollegen Sancin, Ota und Parovel haben Reihen von Olivenbäumen und Rebstöcken abwechselnd gepflanzt, die Starec aber sind davon überzeugt, daß man sich nur auf eines von beiden konzentrieren darf, um die allerbeste Qualität zu erzielen. »Reben und Oliven brauchen eine unterschiedliche Behandlung. Wachstum und Reifezeit sind divers, die Schädlinge ebenfalls. Wer sie zusammen anpflanzt und die Reben behandelt, kann nicht verhindern, daß auch die Oliven die Mittel abbekommen.« Bruder Roberto kommt hinzu, auch er trägt eine schwarze Lederjacke. »Wie soll man es erklären? Der Olivenbaum verhält sich wie eine Mutter, die Rebe wie eine Geliebte. Der eine verzeiht, die andere braucht stete Hege.« Die größte Gefahr für die Olive ist die Olivenfliege *dacus oleoe*, die ihre Eier in die reifenden Früchte legt, die so durch Maden verdorben werden. Akkurate Pflege des Olivenhains und Wachsamkeit sind die besten Gegenmittel. Das Gras um die Bäume muß regelmäßig geschnitten und gerecht werden, und biologische Fallen mit dem Sexuallockstoff Pheromon werden aufgestellt, wo konventionelle Ölproduzenten Chemie einsetzen. »Biologisch? Dieser Begriff ist inzwischen so aufgeweicht. Wir sind weiter.« Hatten das nicht auch die Brüder Vodopivec über ihren Weinbau gesagt? Roberto und Paolo führen uns den Hügel hinauf in einen dichtgewachsenen Märchenwald aus Olivenbäumen mit knorrigen, dicken Stämmen, deren dunkelgrün bis silbrig changierende Blätter sich im sanften Wind wiegen. Die Brüder betrachten die Früchte, die bald geerntet werden müssen, erklären Ausbeute, Verfahren und Zeit der Ernte. Kurz vor der Reife zieht die Familie mit Freunden hinauf, wochenlange Arbeit erwartet sie. Und sie machen es sich nicht leicht. Paolo zeigt auf eine Schutzbrille und sagt, daß dies das einzige technische Hilfsmittel sei, das sie einsetzen. Die harten Blätter der Oliven sind spitz, und die Bäume werden so geschnitten, daß der Baum dicht und nicht zu hoch wächst. Alle Kraft der Erde, der Wurzeln und des dicken Stamms soll in die Frucht und nicht in die Äste fließen. Und an niedrigeren Bäumen ist die Arbeit leichter, denn die Starec ernten ihre Oliven strikt von Hand. Je nach Alter des Baumes unterscheidet sich die Ausbeute, die sie aber so gering wie möglich halten, um die Kraft der Natur auf diese Früchte zu konzentrieren. Vier Personen brauchen durchschnittlich eineinhalb Stunden für einen Baum, und der Ertrag liegt bei durchschnittlich nur fünfzehn Kilo Oliven, auch wenn manche siebzig Jahre alten Bäume deutlich mehr abwerfen. Auch bei der Pressung sind sie auf schonende Verfahren bedacht, nur etwa zwölf Prozent pro Kilo beträgt die Ausbeute, also ein bis zwei Liter Olivenöl pro Baum. Im Moment haben sie eintausend Bäume, in der eigenen Zucht wachsen weitere eintausend Pflanzen heran, die im nächsten Frühjahr auf neuerworbenem Gelände gesetzt werden. Dort werden sie nur die vier autochthonen Sorten aus der Gegend um Triest anbauen: die Belica (Bianchera), Černica (Carbona), Drobnica sowie die Buga, die fast ausgestorben ist. Und wie die Brüder Vodopivec beim Wein, werden künftig die Lagen unterschieden. Auch die Starec überlassen nichts dem Zufall: Sie forschen und beobachten, arbeiten mit Universitäten zusammen, mit herausragenden Kollegen aus anderen Landstrichen des Mittelmeerraums, die ebenfalls von der archaischen Frucht besessen sind, sowie mit nahrungstechnischen Untersuchungslabors. Doch trotz oder wegen all dieses Wissens wird nichts künstlich beeinflußt. Die biochemischen Analysen ihrer Produkte kennen sie auswendig. Ein Drittel ihrer Ernte wird vor der Pressung entkernt und separat behandelt. Frühestens nach drei Monaten kommt das Öl in 250-ml-Flaschen und frühestens weitere drei Monate später in den Handel. Neben der üblichen Ernte gab es im extrem trockenen Jahr 2003 nur sechsundneunzig solcher Fläschchen aus der entkernten Belica-Olive, da auch die Starec wie die Winzerbrüder aus Colludruzza weder düngen noch künstlich bewässern. Die neue Ernte hat aufgrund der idealen klimatischen Bedingungen große Chancen, in die Annalen einzugehen – und ein paar weitere Gourmets vielleicht die Möglichkeit, an dieses kostbare Elixier zu kommen. So wie Ferran Adría, der spanische Starkoch von der Costa Brava, der bereits anfragte, denn nur wenige ausgewählte Restaurants haben bisher Zugang zu dieser Rarität.

Angefangen hatte alles damit, daß Danilo Starec, der Vater der beiden Brüder, mit Mitte Fünfzig in Pension geschickt wurde. Die Werften im Hafen von Triest waren kein blühendes Gewerbe mehr, und Danilo suchte eine neue Betätigung. Das war die Zeit, die auch Nachbar Sancin zu den Oliven brachte. Doch Danilo Starec ist ein Besessener. »Damals gab es keine Ferien, ohne daß wir einen Ort aufsuchten, der mit Oliven zu tun hatte«, erinnert sich seine Frau Nada. »Die gesamte Rente steckte er in Bäume, Bücher, Reisen und Ausrüstung. Bald wurde er zu einem Spezialisten, wie es nur wenige gibt. Oliven sind seine Leidenschaft, die er auf unsere Söhne und inzwischen auch auf den Enkel übertragen hat.« Der zwanzigjährige Erik, auf dessen Namen die Firma läuft, nickt. Er arbeitet während der Saison fast Tag und Nacht, und auch er gibt selbstsicher Auskunft über die Ziele, die die Familie verfolgt. Sie sind alle guter Laune und gelassen. Niemand spricht mit lauter Stimme, und Spannungen sind nicht zu spüren, obgleich es natürlich auch diese manchmal gibt, wie Paolo hinzufügt. Aber man fühlt es deutlich, die Starec ziehen alle am selben Strang. Danilo erzählt weiter: »Wir kennen inzwischen jede einzelne Lage und jede einzelne Pflanze genau. In Zusammenarbeit mit der Universität

Udine haben wir über drei Jahre täglich die ganze Anlage studiert und aufgezeichnet. Ich war auf Kongressen in Pescara, Perugia, Ljubljana oder Madrid, war mit Mario Solenas vom ›International Olive Oil Council‹ in Madrid befreundet und habe nie lockergelassen. Ich wollte den Baum und seine Frucht verstehen. Dabei habe ich bald eingesehen, daß jeder Eingriff das Ergebnis verändert. Was können wir Menschen denn besser als die ursprüngliche Natur? Also, kein Dünger, keine Bewässerung. Der Baum muß das hergeben, was er hat. ›Non se pol forzar el mus per far la cacca‹.« Danilo Starec grinst, die ganze Familie grinst. »Man kann den Esel nicht zum Scheißen zwingen.« Architektur und Grafikdesign erlauben, etwas Besonderes zu wagen – so wie die Vodopivec-Brüder dank der Blumen einen besonderen Wein keltern.

Stühle werden herbeigeholt und ein Messer geschliffen. Es verwundert uns nicht, daß Paolo Starec eine Flasche Vitovska von Vodopivec öffnet. »Danach ein Chateau-Neuf du Pâpe«, sagt er. Mutter Nada filetiert einen rohen Branzino, schneidet ihn in feine Scheiben und gibt ein paar Tropfen des raren entkernten Öls der Belica-Olive hinzu. Wein, Öl, Fisch: Die ganze Welt der Aromen von Karst und Adria treffen zusammen.

Surovo

Vorspeise vom rohen Fisch

Keine Angst, das hat nichts mit Japan zu tun. »Surovo« steht in den slawischen Sprachen für »roh«, Triest befindet sich im zweisprachigen Gebiet zwischen Italien und Slowenien, und der Standort des Restaurants ›Scabar‹, wo »Surovo« als Name des Gerichts erfunden wurde, liegt in einem ursprünglich von Triestiner Slowenen besiedelten Gebiet. Das Surovo besteht aus drei Zutaten, die gemeinsam serviert werden:

Carpaccio di branzino crudo

Carpaccio vom rohen Wolfsbarsch

Wie ihn Mamma Nada bei Starec zubereitet hat. Ein Hauch schwarzer Pfeffer aus der Mühle dazu, evtl. eine Prise Salz. Ungeübte lassen den Fisch vorher beim Fischhändler filetieren. Außer dem Wolfsbarsch kann auch eine Zahnbrasse oder eine Dorade auf diese Art zubereitet werden.

Tartara di pesce di scoglio ai capperi con salsa alle olive nere

Tatar vom Meeresfisch von der Felsenküste mit Kapern und einer Sauce aus schwarzen Oliven

Zutaten für 6 Personen:

Für das Tatar:

900 g gemischte Filets (Wolfsbarsch, Marmorbrasse, Zahnbrasse, Zackenbarsch)
gesalzene Kapern
Schnittlauch, Majoran, wilder Fenchel

Achten Sie darauf, daß der Fisch von allererster Güte ist, lassen Sie ihn vom Fischhändler häuten und filetieren. Nehmen Sie Gräten, Haut und Kopf mit nach Hause und bereiten Sie daraus einen Fischsud – siehe Seite 60 –, von dem man nie genug haben kann.

Schneiden Sie die Filets mit einem scharfen Messer klein und hakken Sie die Fischstücke grob mit der Messerspitze und ruhiger Hand. Gesalzene Kapern waschen, abtupfen und zusammen mit dem Schnittlauch, frischem Majoran, wildem Fenchel sehr klein hakken. Anschließend mit dem Fisch vermengen und nach Belieben salzen.

Für die Sauce:
100 g entkernte schwarze Oliven
1 EL Olivenöl extra vergine
30 g frische Tomaten, enthäutet und gewürfelt
10 g weiße Zwiebel, feingehackt

Oliven, Öl, Tomaten und Zwiebel im Mixer vermischen und durch ein Sieb streichen. Das Tatar auf einen Teller geben und mit der Sauce garnieren.

Seppie crude con crema di piselli e asparagi croccanti

Rohe Tintenfische an einer Creme aus Erbsen mit weißem rohem Spargel

Zutaten für 6 Personen:
1 kg frische Tintenfische (vom Fischhändler säubern lassen)
Salz
250 g frische Erbsen
1 Zwiebel, kleingeschnitten
Olivenöl
3 frische geschälte weiße Spargelstangen, roh in feine Scheiben geschnitten
6 Lorbeerblätter
schwarzer Pfeffer

Den Tintenfisch bei starker Hitze in einer beschichteten Pfanne 4 Minuten anbraten, herausnehmen, abkühlen lassen und in hauch-

dünne Streifen schneiden, salzen. Außen ist er knusprig, innen noch roh.

Die Erbsen zusammen mit der Zwiebel 5 Minuten in Salzwasser kochen, abgießen, in den Mixer geben und etwas Olivenöl zugeben.

Die lauwarme Creme auf Teller verteilen, die weißen Tintenfische darauf garnieren, die Spargelscheiben darüberstreuen, jeweils ein Lorbeerblatt zugeben und alles mit der Pfeffermühle würzen. Mit einem Faden Olivenöl extra vergine abrunden.

Die Starec wissen genau, was sie da tun, doch sind sie trotz allen Erfolgs bescheiden geblieben, demütig vor dem Baum, der laut Homer »flüssiges Gold« erzeugt, dessen therapeutische Kraft Vergil besang: »Wer sich vom Ölbaum ernährt, zeugt und schafft Frieden.« Schon der römische Autor Columella schreibt in seinem *De re rustica*: »Die Ernte muß von Hand getätigt werden, wenn die Früchte die Farbe ihrer letztlichen Reife annehmen, dann müssen sie sofort und behutsam gepreßt werden – ohne daß ihr Kern zerstört wird.« Vierzehn Bücher über die Landwirtschaft verfaßte der aus Cádiz stammende Columella im ersten Jahrhundert unserer Zeitrechnung, und man staunt über ihre Aktualität, noch mehr aber darüber, daß wir glauben, stets alles neu erfinden zu müssen: Öl von entkernten Oliven sei für die Könige, das grüne Öl (unser heutiges extra vergine) für die Bürger und Öl von Oliven, die vom Boden aufgeklaubt werden, für die Sklaven, schrieb Columella vor fast zweitausend Jahren. Zum Entkernen gibt es inzwischen Maschinen, doch das Wissen um die Pflanzen muß wieder neu erworben werden.

Die alten Kulturvölker setzten das »flüssige Gold« als Wundpflegemittel und zur »Salbung der Gottbegnadeten« ein sowie als Salböl in der Körperpflege. Frühes Peeling also, bei dem man zur Regeneration der Haut Öl und feines Meersalz zu einem Brei vermischt und einmassiert – ideal nach einem Tag am Strand.

Die Ölprobe (Verkostung)

Das »International Olive Oil Council« in Madrid hat eine detaillierte Norm für die Verkostung von Olivenölen ausgearbeitet, doch hier sollen nur die wichtigsten Anhaltspunkte erwähnt werden, die auch dem Laien hilfreich sind. Bei allem gilt die alte Regel: Übung macht den Meister.

Probieren Sie mehrere Öle nacheinander in bauchigen Gläsern, auch Rotweingläser sind geeignet. Zur Neutralisierung des Mundes sind geschälte Apfelscheiben ideal.

Die Farbe: Die vorwiegende Meinung des Verbrauchers ist, daß ein Öl um so besser sei, je grüner es ist. Das ist nicht verkehrt, doch sei bedacht, daß eine intensive grüne Färbung leider auch künstlich durch Erhöhung des Preßdrucks oder durch Zugabe von Chlorophyll erreicht werden kann. Die reine Farbe gibt Auskunft über das Anbaugebiet, die Olivensorte und vor allem über die Erntephase. Je früher geerntet wird, desto grüner ist das Öl, goldgelb bei später Ernte sehr reifer Oliven.

Das Aroma: Zur Prüfung hält man das Glas dicht unter die Nase. Als erstes unterscheidet man die Intensität, von »zurückhaltend, wahrnehmbar, intensiv« bis gar »stechend«. Beim Vergleich verschiedener Öle wird für Ungeübte der Unterschied deutlicher. Bedecken Sie nun das Glas mit der Hand und erwärmen Sie es mit der anderen. Schwenken Sie es leicht, damit das Öl seine Duftstoffe entfaltet. Was ist Ihr erster Eindruck? »Frisch, mild, intensiv«? Versuchen Sie nun, dem Duft einen Namen zu geben. An welche andere Aromen erinnert er Sie? Selbst wenn es peinlich zu sein scheint, sich zum Beispiel an Artischocke erinnert zu fühlen, ist es die einzige Möglichkeit, zu definieren und vor allem auch um Mängel zu erspüren wie »schimmlig, vergoren, erdig, aufgewärmt oder ranzig«.

Der Geschmack: Ein paar Tropfen auf die Zunge nehmen, sie zum Löffel formen und ein paarmal durch die Zähne rasch Luft einziehen. Luft und Öl vermischen sich auf Zunge und Gaumen und entwickeln so ihre höchste Intensität. Über gute Qualität entscheiden: »bitter, pikant, fruchtig, geschmacksreich«.

Cum grano salis

»Salz ist das Meer, das nicht in den Himmel zurückkehrt.«

Redensart

Ein Ausflug in die Nachbarschaft. Die Fahrt führt über das einstmals venezianische Nachbarstädtchen Muggia, an der Küste entlang. Oberhalb liegt der Hügel Chiampore, wo die Familie Scheriani einen schön gelegenen »Agriturismo« betreibt und dort auch ihr Olivenöl anbaut, ganz wie die Kollegen im Val Rosandra. Und natürlich ziehen sich die Anbaugebiete über die politische Grenze zwischen den benachbarten Staaten, die Natur schert sich nicht um Schlagbäume.

Es ist noch früh am Tag, die Straße führt uns nach Istrien. Ein Gebiet, das in seiner Vergangenheit so viele Veränderungen durchlitten hat wie die Stadt Triest und heute slowenisches und kroatisches Hoheitsgebiet ist. Vieles erinnert in diesem Landstrich an die Jahrhunderte unter venezianischer Herrschaft. Die Kirchtürme gleichen in ihrer Architektur dem Campanile von San Marco, der Markuslöwe ist so allgegenwärtig wie die byzantinisch anmutenden Fensterbögen der Palazzi. Hier erlangten die Habsburger erst die Oberhand, als die Seerepublik gefallen war, während sie für Triest garantierten, daß die Stadt nicht unter dem Steuerjoch der Serenissima erstickte. Nach dem Ersten Weltkrieg fiel das Gebiet an Italien und nach dem Zweiten an Jugoslawien.

Triest und sein Umland waren über Jahrhunderte ein heiß umkämpftes Gebiet, doch mit den Veränderungen, die der Fall des Eisernen Vorhangs mit sich brachte, gibt es neue Chancen. Triest hat seit der Erweiterung der Europäischen

Union wieder ein Hinterland und ist wieder die Einkaufsstadt für das ländliche Istrien.

Als Venedigs Herrschaft noch ungebrochen war, ging es um das »weiße Gold des Meeres«, für das Kriege geführt wurden. Salz war ein kostbares, rares Gut, das zum Gerben von Leder unabdingbar war und zur Konservierung von Lebensmitteln unverzichtbar, dem Räuchern von Speisen bei weitem überlegen. Fleisch und Schinken werden damit gepökelt, Kohl darin eingelegt, auch Sardinen, Makrelen oder Thunfisch. Das Salär, mit dem die Römer die Legionäre bezahlten, richtete sich danach, wieviel Salz damit erworben werden konnte, und schon im Alten Testament ist die Kostbarkeit dieses Naturprodukts dokumentiert: Laut 3. Buch Mose sollte es stets den Speiseopfern beigegeben werden, und Lots Weib erstarrte gar zur Salzsäule, als sie bei der Vernichtung der Städte Sodom und Gomorra den Worten ihres Herrn zuwiderhandelte und hinter sich schaute. Im von Aberglauben gepeinigten Mittelalter verließ man sich darauf, daß die Dämonen das Kristall fürchteten wie sonst nur das Weihwasser. Heute ist es im Gebrauch vieler Sprachen lebendig, wenn es darum geht, die gesalzenen Preise zu beklagen, die seit der Einführung der europäischen Gemeinschaftswährung spürbar geworden sind. Und auch im Triestiner Dialekt ist es zu hören: Anstatt jemanden einen Idioten zu nennen, sagt man »Non te gà un gran de sal in zuca« – Du hast kein Gramm Salz im Kürbis. Und natürlich soll es Glück bringen, Salz und Brot als Gastgeschenk entstammen letztlich der griechischen Mythologie: Als sich die Meeresgöttin Thetis mit Peleus, dem König der Myrmidonen, vermählte, soll sie ihm Salz als Hochzeitsgeschenk gebracht haben. Im Kampf um Troja galt ihr Sohn Achill als schönster, stärkster und wendigster aller griechischen Helden. So also wurde Salz zur Göttergabe und Brot und Salz zur Hauseinweihung zum Symbol eines Opfers an die Götter: In diesem Haus soll keine Not herrschen.

Eine gute halbe Stunde dauert die Fahrt von Triest zur Bucht von Piran und zu den Salinen von Sečovlje. Bei klarer Sicht haben wir übers Meer stets Blickkontakt mit der Nachbarstadt am nordwestlichen Punkt der istrischen Halbinsel. In ihrer Lagune befindet sich das Feuchtschutzgebiet der alten Salinen, die lange von hoher ökonomischer Bedeutung für die kriegerische Seerepublik Venedig waren, der einstigen Alleinherrscherin über die Adria, die mit Argusaugen habgierig auf Triest schaute, das sich ihres Hoheitsanspruchs erfolgreich erwehren konnte.

Gestern noch stürzte der Himmel über uns herab, doch an diesem Morgen gleißt das Meer mit kleinen Schaumkronen, die eine leichte Bora aufwirbelt, unter der Morgensonne und einem wolkenlosen Himmel. Weit im Norden, hoch über der Stadt Triest, zeigen sich die schneebedeckten Wipfel der Karnischen Alpen und des Triglav, des heiligen Berges Sloweniens. Eine Schranke versperrt die Einfahrt in den Naturpark, doch ein paar Worte unseres Freundes Marino, ein Mann mit mächtigem Schnauzbart und leidenschaftlicher Kenner dieser Gegend, ersparen uns den Spaziergang zum Verwaltungsgebäude der Salinen, den Besucher sonst machen müssen. Schon auf dem Deich, der in das Herz des rund sechseinhalb Quadratkilometer umfassenden Gebiets führt, wird klar, daß Salzgärten alles andere als eine langweilige Angelegenheit sind. Links und rechts des Weges liegen die flachen, sehr weitläufigen Becken mit spiegelglatter Wasseroberfläche. Hier weht der Wind sanft, die Bora wird, anders als auf dem offenen Meer, von der istrischen Hügellandschaft abgewehrt. Kleine, kaum bewachsene Dämme trennen die in geometrischen Mustern angelegten Bassins voneinander. Auf rostigen Gleisen stehen noch kaum beladene Loren, und ein Labyrinth von Kanälen und hölzernen Schleusen tut sich auf. Alles ist mit allem verbunden, ein ewiger Kreislauf. Erst der zweite Blick erkennt, daß die Wasserspiegel in unterschiedlichen Höhen liegen, manche Kanäle über andere hinweggeführt werden, kleine Windmühlen mit weißen Segeln die Pumpen betreiben, mit denen der Wasserlauf gelenkt wird. Flache Inselchen mit Hausruinen aus hellgrauem Stein und mit traurig schwarzen Fensteraugen, nur über weitverzweigte Dämme erreichbar, heben sich weiter draußen aus dem Wasser.

»Der Führung der Kommunistischen Partei Jugoslawiens folgend, mit dem Genossen Tito an der Spitze, haben die Arbeiter der Salinen von Piran heute die Verwaltung in ihre eigenen Hände genommen. 31-III-1951«. Dieser Satz ist auf slowenisch und italienisch in die Steinplatte graviert, die Buchstaben rot ausgemalt. Sie ist an einem der Wirtschaftsgebäude auf der Hauptinsel angebracht, wo im Erdgeschoß ein Souvenirshop Keramikware und Salz in adretten Jutebeuteln oder Glasflakons abgepackt zum Kauf anbietet. Von hier fährt während der Saison auch ein Boot durch den Hauptkanal hinüber zum liebevoll gestalteten Museum, das die lange Geschichte der Anlage dokumentiert. Man ist bemüht, die Saline wieder zum Laufen zu bringen, hat weitreichende Pläne mit dem brachliegenden Teil des Feuchtgebiets, in dem seltene Vogelarten nisten und das mit Pflanzen bewachsen ist, die den hohen Salzgehalt ihrer Umgebung verkraften. Man spricht von Thermen unter freiem Himmel, die bald eröffnet werden sollen, von Fango und Heilkuren, die im nahe gelegenen Portorož schon seit hundertfünfzig Jahren angeboten werden.

Der kleine Badeort, der zwischen Piran und den Salinen liegt, war eine Erfindung des 19. Jahrhunderts, als die Salzproduktion an Bedeutung verlor, der Einbruch des Marktes kompensiert werden mußte und wissenschaftliche Erkenntnisse über die Heilkräfte sich fundierten. Damals logierten illustre Gäste in den Hotels des Städtchens und genossen die wohltuenden Thalassotherapien, bevor sie sich auf die Transatlantiklinien einschifften, die das nahe Triest mit den Häfen der Welt verbanden. In Salz gebadet und einen Branzino al sale zum Abendessen, oder gar Scampi?

Scampi al sale

Scampi in Salzkruste

Falls der Fischhändler frische Scampi hat, als Vorspeise etwa 300 g pro Person veranschlagen. Je Kilo Scampi braucht man etwa ein Kilo grobkörniges Meersalz.

In einer feuerfesten Form werden die Scampi nebeneinandergereiht und mit ein paar Tropfen Zitronensaft bespritzt. Dann üppig mit dem Salz bedecken, bis sie nicht mehr zu sehen sind, vor allem die Köpfe gut bestreuen. Im auf 180 °C vorgeheizten Backofen 15 Minuten garen, herausnehmen und kurz in fast kochendes Wasser tauchen. Heiß servieren.

Und es tut sich tatsächlich wieder etwas in der Saline, die beiden Direktoren der Anlage strahlen vorsichtigen Optimismus aus und erklären mit Leidenschaft, daß ihr »weißes Gold« in Feinschmeckerläden in Belgien, Italien und in Slowenien zu haben sei. Auch für Österreich und Deutschland gibt es Pläne. Sie ernten ihr Salz von Hand, neuere technische Errungenschaften, außer als Transportmittel, sind verpönt. Es bedarf nichts als Meerwasser, Wind und Sonne – und Süßwasser. Die Dragonja, ein kleines Flüßchen, das in den Hügeln Istriens entspringt, mündet in die Bucht. Ihr Bett war

tief genug, um die Galeeren zu beladen, die das Salz auf dem Seeweg zu jenen Märkten in Oberitalien brachten, die von den Venezianern beherrscht wurden. Viel später erst übernahm die »Parenzana« diese Aufgabe, die Eisenbahnlinie nach Triest, die in den dreißiger Jahren von den Faschisten demontiert und in die neue Kolonie Abessinien verfrachtet wurde. Ihre Trasse zieht sich noch immer sichtbar durch Istrien. Aber da war der Markt längst von den billigeren Konkurrenten in Sizilien und Nordafrika erobert.

Heute arbeiten 41 Personen in der Saline. Die Produktion liegt im Schnitt bei zehntausend Tonnen jährlich. Nur ein Bruchteil dessen, was vor Jahrhunderten gewonnen wurde, als bis zu zweieinhalbtausend Menschen hier Lohn und Brot fanden. Viele der Salzarbeiter lebten mit ihren Familien die Saison über in der Saline. Über vierhundert Häuser aus Bruchstein boten ihnen Unterkunft. Auch Städter arbeiteten hier, doch der Großteil waren Bauern aus dem Umland. In heißen Sommern war auf den Feldern weniger und in der Saline mehr zu tun, in regenreichen Sommern umgekehrt. Die Frauen waren es, die die Arbeit in den Salzgärten übernahmen, wenn das Wetter es mit Saline und Landwirtschaft gleichermaßen gut meinte.

Am 24. April beginnt wie eh und je die Saison. Es ist Sveti Juri, San Giorgio, der Tag des Stadtheiligen von Piran. Und sie endet noch heute am ersten Tag der Weinlese. Doch schon im Frühjahr ist vieles zu tun. Die Deiche und der Lehmboden brauchen Pflege. Von den Dämmen müssen die Pflanzen gejätet werden, die sich wild ausgesät haben, und der Untergrund in den Bassins muß topfeben sein und darf keine Versehrungen aufweisen, um Verschmutzungen des kostbaren Produkts zu verhindern. Fast wie Schneeschuhe muten die halbmeterlangen Bretter an, die die Salzarbeiter an die Füße schnallen, bevor sie ins Wasser steigen. Es kann nur ein

Festtag sein, wenn Ende April das Meer zum ersten Mal in der neuen Saison mit der Hilfe der Gezeiten in die Verdunstungsbecken geleitet wird. Danach müssen Sonne und Wind ihr Werk tun. Wolkenbrüche und Regenperioden gefährden das Gelingen. Wenn der Verdunstungsprozeß die Wassermenge um etwa die Hälfte reduziert hat, werden weitere Schleusen geöffnet, die die verbliebene Lauge in tieferliegende Kristallisationsbecken leiten. Und wenn die Natur gewogen ist, erntet man monatlich. Ein Kubikmeter Meerwasser der Adria ergibt 27 Kilogramm Salz.

Die Arbeit in den Salinen unter der gleißenden Sonne zehrte schon immer an den Kräften. Früher war das Trinkwasser knapp und mußte herantransportiert werden. Um die Nahrungsmittel war es in dieser Umgebung besser bestellt: Man ernährte sich soweit es ging von dem, was sich vor Ort fand. Unser Freund Marino zitiert gerührt die Alten, die im breitesten Dialekt von den Speisen erzählen, die aus den Zutaten bestanden, die den Wasserläufen abgetrotzt wurden. »Se magnava broveto o sesame con pesi de diverse qualità che se ciapava, no mancava gnanca le verdure che ti podevi ciole in saline ... e le mamole ingrumava i fiori di saline che tigniimo sula tola per fa scanpa le pinpinele.«

Der Brodetto ist ein schmackhaftes, deftiges Fischgericht, fast eine dicke Suppe mit Krebsen, Muscheln, Tintenfischen, Aalen, was man eben fing. Je mehr verschiedene Fische darin sind, desto besser wird es. »Auch Gemüse fehlte nicht«, erzählen die Alten, »das auf den Deichen wuchs, Kräuter und Rosmarin, Queller, den man mit einem Tropfen Öl, Essig und Salz anmachte ... Und die Mütter stellten in der Saline gepflückte Blumen auf den Tisch, die die Mücken fernhielten.«

Brodo di pesce, Zuppa di pesce, Brodetto

Fischsud, Fischsuppe, Brodetto

Fettreiche Fische ergeben einen guten Sud und ihr Fleisch ist äußerst schmackhaft. Je nach Größe lassen sich leicht eine Vorspeise und ein Hauptgang daraus bereiten. Ideal ist ein Drachenkopffisch (Scarpena) oder ein Steinbutt (Rombo). Sie müssen filetiert werden, was auch im Fischgeschäft erfolgen kann, unter der Bedingung, daß Kopf und Karkasse mit nach Hause genommen werden können. Weggeworfen werden nur die Innereien.

Fischsud

Kopf und Karkasse werden in einem Topf ausreichend mit Wasser bedeckt, eine ganze Zwiebel und eine Prise Salz hinzugegeben. Nach einer Stunde Kochzeit auf kleiner Flamme ist der Fischsud fertig und kann durch ein Sieb gegossen werden. Es wird mehr sein, als wir nachher für den Brodetto brauchen. (Der Fischsud läßt sich in Eiswürfelformen leicht im Tiefkühler aufbewahren und jederzeit auch bei der Zubereitung eines Risotto, einer Pasta etc. verwenden.)

Klare Fischsuppe

Zutaten für 4 Personen:

pro Person etwa 70 g Fischfilet als Einlage,
z. B. Zahnbrasse (Dentice)
1 Zwiebel, gehackt
1 Knoblauchzehe, feingehackt
Olivenöl
2 blanchierte und gehäutete Tomaten, gewürfelt
Weißwein
1 EL gemahlener Kardamom

Salz, Pfeffer
Fischsud

Gut die Hälfte des Fischsuds wird für die klare Fischsuppe benötigt, der Rest für den Brodetto zur Seite gestellt.

Die Filets werden in mundgroße Stücke zerteilt. Zwiebel und Knoblauch werden in einem Topf mit Olivenöl bei kleiner Flamme glasig gedünstet, die Tomaten hinzugegeben und das Ganze mit einem guten Schluck Weißwein abgelöscht. Dann folgen die Fischfilets, Kardamom und der Fischsud, Salz und Pfeffer. Bei niedriger Hitze beträgt die Kochzeit etwa 20 Minuten.

Brodetto

Zutaten für 4 Personen:
Olivenöl
1 feingehackte Zwiebel
pro Person etwa 150 g Fischfilet vom Drachenkopffisch oder Steinbutt
1 TL feingeschnittene Zitronenschale
1 Lorbeerblatt
1 TL frisch geriebener Ingwer
schwarze Pfefferkörner
Fischsud, Essig

Der Fisch braucht eine Basis. Olivenöl in eine große Pfanne geben, die Zwiebel und die in große Stücke geschnittenen Fischfilets samt ihrer Haut hinzufügen, Zitronenschale, Lorbeer, Ingwer, schwarze Pfefferkörner und einen mit Fischsud verlängerten Schuß Essig dazugeben. Nach etwa 10 Minuten wird der gegarte Fisch herausgenommen und warmgestellt.

Die Basis wird nun mit dem restlichen Fischsud aufgekocht und reduziert, bis sie zu einer dicken Sauce wird. Diese durch ein Sieb streichen und über den Fisch geben. Die ideale Beilage ist eine Polenta, aber auch Salzkartoffeln eignen sich gut.

Kein Salz gleicht dem anderen. Das aus der Saline von Sečovlje ist blendend weiß. Nach einem Monat etwa, im Mai, kann die Ernte beginnen. Doch vorher schon gibt es das »Fior de Sal«. Die Salzblüte, das erste, feinste Salz, das sich an der Wasseroberfläche in kristallfeinen, zarten Plättchen bildet, ist eine besondere Kostbarkeit, die behutsam mit Netzen abgehoben wird. Wie eine hauchdünne Eisschicht liegt sie an der Wasseroberfläche, und es erfordert viel Geschicklichkeit, um die Salzblüte zu ernten. Zerbrechen die Kristalle, dann sinken sie auf den Boden des Beckens und sind verloren. Sonne und sanfter Wind trocknen schließlich das Fior de Sal, bevor es von Hand verpackt wird. Es ist teuer, der Preis entspricht dem geringen Ertrag: Vier Prozent der Gesamtausbeute kosten das Achtzehnfache des üblichen grobkörnigen Meersalzes. Die Salzblüte wird von Starköchen und Feinschmeckern geschätzt. Sie hat ein reiches Mineralienbouquet, ist mild im Geschmack, läßt sich zwischen den Fingern zerreiben und zergeht auf der Zunge. Ideal für rohe Kost, Salate, Carpaccio sowie für alle Speisen, die erst nach dem Garprozeß gesalzen werden, wie zum Beispiel ein Rührei, über das der weiße Trüffel aus den eichenbewachsenen istrischen Hügeln gehobelt wird.

Verdure in crosta di sale affumicato

Gemüse in einer Kruste vom geräucherten Salz

Zutaten für 4 Personen:

2 Artischocken
Saft von 1 Zitrone
4 Kirschtomaten
4 Schalotten
4 Röschen Blumenkohl
1 kleine Karotte
4 Kartoffeln
4 weiße Spargel
4 grüne Spargel
1 Zucchino
350 g Eischnee
450 g geräuchertes Salz (im Delikatessengeschäft)
1 Stange Weißbrot

Die Artischocken säubern, halbieren und sofort in Wasser mit dem Zitronensaft einlegen.

Das restliche Gemüse putzen bzw. schälen, waschen und lediglich die großen Stücke (Kartoffeln, Karotte) in Hälften schneiden.

Das geräucherte Salz unter den Eischnee ziehen und den Boden einer feuerfesten Form damit etwa 1 cm dick bedecken. Das gut abgetrocknete Gemüse darauf verteilen, mit dem Rest des Eischnees bedecken und im vorgeheizten Backofen bei 180 °C eine Stunde lang backen.

Die Kruste aus Salz und Eischnee aufschlagen, das Gemüse herausnehmen, in mundgerechte Stücke schneiden und mit einem Faden Olivenöl beträufeln. Mit ein paar Scheiben Weißbrot garnieren und servieren.

Für das weiße Gold des Meeres führte man Kriege wie heute ums Erdöl. 1571 schlug im Krieg von Lepanto die venezianische Flotte in heiliger, vom Papst geschmiedeter Allianz mit dem Erzrivalen Spanien, den Malteserrittern und unter der Führung des Habsburgers Don Juan de Austria die Ottomanen bei der griechischen Stadt Naupaktos. Das Ziel war, Zypern wegen seines Salzes zurückzuerobern. So konnte zwar der Vormarsch der Türken aufgehalten werden, doch trotz der Niederlage blieb Zypern in türkischer Hand. Die Salzgewinnung in der nördlichen Adria, die bereits im 13. Jahrhundert ausgebaut worden war, gewann in der Folge stark an Bedeutung: Piran, Koper, Muggia. Die Politik aber richtete sich nach der Konjunktur. Nach dem Verlust Zyperns und bei verstärkter Nachfrage aus der Lombardei, dem Piemont und Serbien wurden neue Bassins angelegt. Konnte man allerdings mit höheren Importen aus dem kostengünstigeren Kleinasien, Tunesien, Korfu oder anderen griechischen Inseln rechnen oder verlor man einen Markt jenseits der Alpen, dann schloß man sofort Teile der Anlagen im teuren Norden oder griff zur rigorosesten Maßnahme überhaupt: Man warf das Salz ins Meer zurück, um einem Preisverfall entgegenzuwirken.

Auch das nahe Triest, das seit 1382 unter habsburgischem Schutz dem Einfluß Venedigs entzogen war, betrieb dank der vielen Süßwasserzuflüsse aus dem Karst effizient die Salinen von Servola, Borgo Campo Marzio und Zaule sowie jene, die bald Teilen der neuen Stadt weichen sollten. Die ökonomisch weitsichtige Politik Maria Theresias wagte einen mutigen Tausch, als sie die am nächsten vor den Toren der alten Stadt liegenden Salinen opferte, um dort neue Viertel anzulegen. Handel mit Salz gegen den Handel eines stark expandierenden Freihafens mit den Gütern der Welt. Die Rechnung ging auf. Das nach der Kaiserin benannte Borgo Teresiano mit seinen streng geometrisch gezogenen Straßenverläufen mutet an, als hätte man das Muster der Bassins nachgezogen, die vorher das Gebiet dominierten.

Doch lange vor Maria Theresia war es wegen des Salzes zu Spannungen und kriegerischen Auseinandersetzungen zwischen Venedig und den Habsburgern gekommen: Von 1615 bis 1617 dauerte der Krieg von Gradisca, »La Guerra degli Uscocchi«, bei dem es um die Kontrolle des Salzmarktes ging. Die »Uskoks«, das serbische Wort für Flüchtlinge, retteten sich vor dem Vormarsch der Ottomanen an die dalmatisch-habsburgische Küste und machten sich durch Raubzüge auf venezianische Transporte schnell einen gefürchteten Namen. Wachsender Zulauf von Abenteurern, italienischen Räubern und Banditen vom Balkan verstärkten die Schlagkraft der Uskoken und erweiterte den Aktionsradius für ihre Piraterien. Ihre Beute war, neben anderen Gütern, das kostbare Salz. Daraufhin erklärten die Venezianer den Habsburgern den Krieg und versuchten die Salinen Triests zu erobern und zu zerstören, allerdings lediglich mit dem Erfolg, daß die seefahrenden Uskoken zum Kriegsende ins Binnenland umgesiedelt wurden.

Der Kampf um das Salz aber fand kein Ende. Spione waren allgegenwärtig, die die militärischen Schachzüge des Salzrivalen auszuspionieren hatten. Die Habsburger bemühten sich, Händlern die Durchreise zu den venezianischen Salinen zu verwehren, erhoben Schutzzölle und versuchten statt dessen die eigene Ware abzusetzen. Für die Venezianer ging es um viel: Die Hälfte des in ihrer Saline von Sečovlje gewonnenen Salzes kassierte die Serenissima selbst, und nur fünf Prozent verblieb den Salzarbeitern.

Doch wo Steuern kassiert werden, gibt es zwangsläufig den Versuch, sie zu umgehen, und wer den Handel mit Prohibition einzuschränken versucht, muß damit rechnen, daß er illegal erfolgt. Auf Salzschmuggler, die erwischt wurden, wartete die Galeere, und in Triest waren die Salzspezialisten aus Piran hochwillkommen. Kaum verwundert wohl der Versuch der Venezianer, das Gebiet der Salinen von Sečovlje zum Meer hin mit einer hohen Palisade aus Pfählen abzuschirmen, um den Handel mit geraubtem Salz zu unterbinden. Eigenartigerweise hielt die Barriere nur wenige Monate, die Pfähle faulten so schnell, wie man dies nie zuvor erlebt hatte.

So fatal wie Schmuggel und Diebstahl waren für die Salzwirtschaft lange Regenperioden, die Überschwemmungen des sonst so nützlichen Flusses Dragonja mit sich brachten und das bereits geerntete Salz, für das es keine geschützten Lagerstätten gab, vernichteten.

Das Ende der Blütezeit der Salinen setzte schließlich mit dem Fall der Serenissima und der Auflösung des Monopols in den nördlichen Gebieten ein. Zugleich überschwemmte billigste Ware aus Sizilien und Tunesien den Markt. Die Piraneser versuchten sich durch hohe Qualität zu retten, doch waren durch die Auflösung des Monopols die Kosten dafür nicht mehr aufzubringen. Zehn Jahre lang, 1860 bis 1870, wurde das Salz noch in ferne Märkte exportiert: Holland, Brasilien und sogar Indien gehörten zu den Abnehmern, dank niedriger Frachtraten im Hafen von Triest.

Unser Blick richtet sich nach Süden. Istrien ist geteilt. Die Dragonja stellt heute die Grenze zu Kroatien und damit auch der Europäischen Union dar. Nahe der Punta Salvore, der mit Wacholder, Eichen, Blumeneschen und Sumach bewachsenen Landzunge, wuchern neue Häuser der Nomenklatura aus dem Naturschutzgebiet über der Bucht. Der Ausblick auf die Salinen von Sečovlje ist dennoch unverändert schön. Cum grano salis. Oder wie heißt es bei Matthäus 5,13: »Ihr seid das Salz der Erde. Wenn nun das Salz nicht mehr salzt, womit soll man salzen? Es ist zu nichts nütze, als daß man es wegschüttet und läßt es von den Leuten zertreten.«

Sale alle erbe

Kräutersalz

Für die Küche: Frische Kräuter, Rosmarin, Salbei, Thymian und Majoran, an denen nicht gespart werden soll, sowie ein Kilo Meersalz. Im Mixer mahlen, bis das Salz von der Farbe der Kräuter grün gefärbt ist. In einem geschlossenen Glasbehälter aufbewahrt, ist das Kräutersalz ideal zum Würzen von Salaten, Suppen, Gemüsen, Steaks, Fisch etc.

Für die Badewanne: Zum Meersalz zugegeben werden reichlich Rosmarin (belebend) oder Lavendel (entgiftet die Leber). Pro Bad ein halbes Kilo Kräutersalz verwenden. Kann beizeiten Wunder wirken.

Sardellen, Möwen und Katzen

»Konnte Antenor doch einst, dem Gewühl der Griechen entronnen, / In die illyrische Bucht und weit in das Reich der Liburner / Ohne Gefahren ziehn und den Quell des Timavus umsegeln, / Der unter wildem Dröhnen des Berges wie tosendes Meer sich / Aus neun Mündungen bricht und die Fluren mit rauschender See deckt. / Dieser erbaute dennoch Pataviums Stadt und der Teukrer / Sitze und gab den Namen dem Volk, und trojanische Waffen / Weiht er als Gabe der Göttin, behaglicher Frieden beglückt ihn.«

Vergil, Aeneis, 1. Gesang

Der Golf von Triest ist der nördlichste Teil des Mittelmeers. Seine Küstenlinie, von der Punta Salvore bis nach Grado, ist hundert Kilometer lang, während die direkte Verbindung über das Meer zwischen beiden Punkten gerade mal zwanzig Kilometer beträgt. Die Küste bietet in ihrer Unterschiedlichkeit ein einzigartiges Naturschauspiel. Flach und sumpfig im Süden bei den Salinen von Sečovlje, erhebt sich um Triest die Steilküste mit ihrem grauweißen, vom Regen über die Jahrtausende ausgewaschenen Stein, fällt nach Duino wieder ab zur Mündung des mythischen Flußes Timavo, an dem laut Robert Ranke-Graves die Argonauten auf der Jagd nach dem Goldenen Vlies landeten und auch Antenor, bevor er Padua gründete. Sumpfgebiet schließt sich an, Schilfufer, zwischen Monfalcone und Grado die Mündung des Isonzo und seiner Nebenkanäle, und zuletzt die Sandstrände bei Grado.

Die Vegetation an der Steilküste ist so unterschiedlich wie auf dem Meeresgrund. Blanker Fels, Schlamm, Sand, Süßwasserquellen, die dem Schwimmer, der zuvor über verborgene Pfade zu idyllischen Stränden hinabgeklettert ist, einen Schrecken einjagen können, so kalt fließen sie ins warme

Wasser der Adria. Die Vielfalt der Meeresfauna und die hohe Wasserqualität im Golf von Triest bieten ein ideales Domizil für einen artenreichen Fischbestand.

»Santa Maria dei guati« hieß der alte Fischmarkt Triests im Volksmund, wohl wegen des Pumpturms, der das prunkvolle Gebäude wie eine Kathedrale anmuten läßt, und ironisierend wegen eines seiner unzähligen Gräten wegen wenig geschätzten Fischleins, der Meergrundel. Noch liegen die mit starken Lampen ausgerüsteten Fischkutter am Molo Venezia, doch ihren Fang bringen die Fischer seit ein paar Jahren am frühen Morgen zum neuen Mercato Ittico auf der Rückseite der Stadt. Die Entscheidung, das alte Gebäude anders zu nutzen, sorgte für Unmut. Für die Fischer bedeutet es zusätzlichen Aufwand, ihren Fang weit vom Liegeplatz zur allmorgendlichen Versteigerung zu fahren, und das Zentrum wurde eines Teils seiner Seele beraubt. Eines ist gewiß: Mit dem zentralen Fischmarkt ist auch eines der vergnüglichsten Rituale der Stadt verschwunden: Wenn um 13.30 Uhr der Fischmarkt schloß und die Verkaufsstände gereinigt wurden, landeten die Abfälle in den Mülltonnen vor der Tür. Schon eine halbe Stunde zuvor war die Mole plötzlich von Tausenden von Möwen besetzt, die mit ärgerlichem Geschrei um die besten Plätze zankten. Und aus der Ruine des alten Weindepots nebenan kamen zuhauf verwilderte Katzen und setzten sich abseits, in Reihen oder Gruppen. Der Fischmarkt schien wie belagert, als die Türen geschlossen wurden. Und wie jeden Tag kam schließlich eine ältere Frau in Kittelschürze, öffnete die Müllcontainer, zog kistenweise Fischabfälle heraus und warf sie zu Boden. Die Königsmöwen mit ihren großen Spannweiten hatten das Vorrecht, die kleineren warteten gierig, aber mit gehörigem Respekt weiter draußen, und die Katzenarmee leckte sich die Mäuler, ohne sich vorzutrauen, bevor die große gefiederte Konkurrenz gesättigt war und sich endlich die kleineren Vögel heranwagten. Dann gab es nichts mehr zu verlieren. Triest im Luftkampf. Im Gewirr aus Flügelschlägen und Gemaunze aber füllte die Frau Plastiktüten mit Fischabfällen und ging in die Stadt hinein. Einmal sind wir ihr gefolgt und erreichten nach zwanzig Minuten den Giardino Pubblico, wo die Bronzebüsten all jener Dichter, die Triest über die Jahrhunderte zu einer der Hauptstädte der Weltliteratur gemacht hatten, auf Sockeln thronen. Die Frau wurde bereits gierig von einer weiteren Schar verwilderter Katzen erwartet und hatte kein Auge für Svevo, Saba, Joyce, Kosovel und all die anderen.

Vor langer Zeit stellte die Obrigkeit es so dar, daß der städtische Fischmarkt für die Frische des Angebots garantieren sollte: »Niemand darf einen eigenen Handel mit frischem Fisch betreiben oder frischen Fisch kaufen und ihn als frisch oder roh weiterverkaufen. Sowohl in der Stadt als auch in ihrem Territorium darf der Fischer nicht wagen, frische Fische zu verkaufen, die er nicht selbst gefangen hat. Es ist für jedermann verboten, Fisch außerhalb zu verkaufen, den er nicht für mindestens drei Stunden auf dem städtischen Fischmarkt angeboten hat.« Wer bei Verstößen gegen dieses Dekret von 1670 erwischt wurde, dem drohte die Beschlagnahme von Fang, Gerät und Boot und ein Monat Gefängnis. Doch wahrscheinlich ging es den Behörden weniger um die Gesundheit ihrer Bürger als darum, Steuern einzutreiben. Achteindrittel Prozent des Fangs mußten an die Obrigkeit abgeführt werden, andere Steuern kamen schnell hinzu. Das Meer ernährte Bürger und Herrschaft zugleich, denn obwohl die Gewässer frei zugänglich waren, wurde streng darüber gewacht, was daraus erbeutet wurde. Die ersten Dokumente, die die Fischerei in diesem Gebiet und den Verkauf des Fangs reglementierten, stammen aus dem Jahr 1318. Auch der Marktpreis wurde alle vier Monate für die einzelnen Fischarten neu festgelegt. Doch wo es strenge Reglementierungen und Verbote gibt, liegt der Verstoß dagegen auf der Hand.

Der 24. August 1954 trug Trauer. Es war der Tag der letzten *tonnara* im Golf von Triest, der traditionellen Thunfischjagd. Der Fisch, von dem über Jahrhunderte die Bevölkerung einiger umliegender Dörfer lebte, wenn er zum Laichen in großen Schwärmen an die Ufer der nördlichen Adria zog, blieb immer mehr aus. Große industrialisierte Fangflotten kreuzten seine Wege schon weit im Süden. Die Bevölkerung der beiden Fischerdörfer Contovello und Santa Croce (279 bzw. 207 Meter über NN), die hoch oben an der Kante des Karsts liegen, wurden einer Haupternährungsquelle beraubt. Zusammen mit dem Stadtteil Bàrcola hatten sie den Fischfang im Territorium Triests über Jahrhunderte dominiert.

Perfekt waren die Thunfischjagden organisiert. Bei ruhigem Meer schwimmen die Thunfischschwärme an der Oberfläche, ihre Flossenschläge und Rückenfinnen peitschen das Meer auf, und von den erhabenen Spähposten an der Steilküste waren sie schon weit draußen zu erkennen. Der Ruf »abauta« verständigte die Mannschaft auf der *tonera*, einem schnittigen Ruderboot, wenn ein Schwarm sich näherte. Schnell mußten sie hinausrudern, die acht bis zwölf Mann Besatzung funktionierten wie ein Präzisionsuhrwerk. Eilig zogen sie eine Wand aus einem tiefen und sehr langen Netz ins Meer und schnitten den Thunfischen den Weg ab. »Premando« lautete der Befehl vom Festland und bedeutete, eine Wende um neunzig Grad nach rechts zu fahren. Wenn der Schwarm überholt war, erfolgte auf den Ruf »stegando« eine weitere Kehre im rechten Winkel, bis »voh« und »za, za« befahlen, das Netz mit aller Kraft Richtung Ufer zu schließen. Die Rufe waren auch oben in den Dörfern zu hören, und wer konnte, eilte zum Meer hinunter, wo das Netz mit vereinter Kraft immer enger und die Tiere allmählich an Land gezogen wurden – sofern zuvor kein »torba« ertönt war. Das hieß, die Netze waren leer und die Thunfische entkommen.

Die Männer trugen schwarze Hüte und Kniehosen. Alte Fotos zeigen sie lachend vor den üppigen Fängen und Listen führend, die Anzahl, Größe und Gewicht der Fische festhielten. Noch unten am Strand wurde der Fang ausgenommen und zerlegt. Die Frauen trugen die Stücke in Körben auf dem Kopf über steile Stufen hinauf ins Dorf – auch Kopf und Gräten, die immer für die Zubereitung des Fischsuds benötigt wurden. Die Innereien hingegen wurden ins Meer geworfen. Ein perfekter Kreislauf, von dem sich andere Fische und Taschenkrebse ernährten und der für stets reiche Ausbeute des Meeres sorgte.

Kapitel 16 und 17 eines Dekrets von 1758 waren gezielt auf die Fischer von Santa Croce verfaßt worden. Denunzianten von Verstößen gegen die Anordnung, den gesamten Fang ausschließlich auf dem Triestiner Fischmarkt anzubieten, wurde »als Belohnung ein Drittel der Strafe in Geld oder Fisch versprochen sowie die Möglichkeit, andere Ware zum untersten Tarif zu erwerben. Ihr Name wird aufs strengste geheimgehalten.« Doch trotz aller Strafandrohungen und der Prämien für Verräter verkauften die Fischer ihren Fang lieber direkt. In Santa Croce übernahmen diese Aufgabe die Frauen, die Straßenkontrollen auf verschlungenen Wegen auswichen. Und auch wenn eine auf frischer Tat erwischt wurde, während sie ihre Ware in einer Osteria verkaufte, war der Fischer selbst nicht zu verfolgen. Noch bis in die fünfziger Jahre hinein zogen die Frauen zu Fuß mit dem Fisch weit ins Hinterland, in die Dörfer auf dem Karst, oder hinab in die Stadt. Die Alten erinnern sich gut an die schwarzgekleideten Frauen mit dem Weidenkorb auf dem Kopf, die im Dialekt des Küstengebiets riefen: »Tonina, tonina fresca de Santa Crose.«

Tonno con pomodorino e salsa tonnata

Thunfisch mit Tomaten an Thunfischsauce

Zutaten für 6 Personen:
500 g frischer Thunfisch
Olivenöl extra vergine
4 Knoblauchzehen, geschält
abgeriebene Schale von 1 Zitrone
Thymian
Oregano
300 g Tomaten
Salz

Den Thunfisch in 2 cm große Würfel schneiden und in eine feuerfeste Form mit dem Olivenöl, den Knoblauchzehen, der Zitronenschale und den Kräutern geben. Die Tomaten in kochendem Wasser blanchieren, häuten, vierteln und zu den anderen Zutaten in die Form geben, salzen. Bei niedriger Temperatur im auf 70 °C vorgeheizten Backofen eine Stunde garen.

Für die Salsa tonnata:
1 Zwiebel, geschält
1 Karotte, geschält
5 Sardellen in Öl (siehe Seite 41)
100 g Thunfisch in Öl (siehe Seite 40)
Saft von 1/2 Zitrone
5 in Salz eingelegte Kapern
2 hartgekochte Eigelb

Olivenöl
Salz

Das Gemüse in Fischsud (siehe Seite 60) kochen, abkühlen lassen und zusammen mit den Sardellen, dem Thunfisch, dem Zitronensaft, den gewaschenen und getrockneten Kapern, dem Eigelb, Olivenöl und Salz im Mixer zu einer Creme verarbeiten. Die Sauce über die Thunfischstücke und Tomaten geben und mit einem frischen Thymianzweig garnieren.

Heute gibt es nur noch einen Fischer im Dorf: Es ist unser fünfundsiebzigjähriger Freund Srečko Tretiach, ein Mann wie ein Gebirge, mit festem Händedruck und freundlichem, vom Wetter gegerbten Gesicht. Aus Leidenschaft geht er seinem Beruf heute noch nach, fährt jeden Morgen hinaus, meist in Begleitung seiner immer geschäftigen und warmherzigen Frau Jolanda. Unten an der Marina di Aurisina betreibt sie zusammen mit ihrer Tochter ein kleines Restaurant, wo auch Srečkos Fische letztlich landen. Und dort im kleinen Hafen liegt der Kutter, den Srečko vor ein paar Jahren gekauft hat, als er seines alten Bootes überdrüssig wurde.

»... die beiden Flammen von Castor und Pollux, von denen Plutarch sprach, die römische Legion, von der Caesar glaubte, daß ihre Speere Feuer fingen, die Spitze des Schlosses von Duino, aus der der Wachposten Funken schlug, indem er sie mit dem Eisen seiner Lanze streifte, und vielleicht sogar das herabfallende Wetterleuchten, das die Alten ›die irdischen Blitze Saturns‹ nannten«: In seinem 1866 erschienenen Monumentalwerk *Les Travailleurs de la Mer* erzählt Victor Hugo von Naturphänomenen, die den Seefahrern Orientierung in der Not boten. Das Schloß von Duino, das schwer auf dem jäh abfallenden Kalkfels über der Adria

thront, war den Fischern ein wichtiger Orientierungspunkt, wenn ein Sturm aufzog. Und die Marina di Aurisina liegt genau zwischen Duino, dem Sitz der Familie Torre e Tasso, und dem Zuckerbäckerschloß Miramare von Maximilian I., der als Kaiser von Mexiko von allen verlassen mit drei Kugeln in der Brust endete. Man erinnere sich an das in der Mannheimer Kunsthalle hängende Gemälde von Édouard Manet, der die Hinrichtung 1867 beklemmend und in vier Fassungen in Öl auf Leinwand gebannt hat.

Ein Schwarm unverschämter Möwen kreist bereits über dem Hafen, sobald der Motor angelassen und noch das Arbeitsgerät vorbereitet wird. Hat Srečko die Hafeneinfahrt hinter sich gelassen, drückt er den Gashebel bis zum Anschlag durch, und ein verschmitztes Grinsen zeigt sein Vergnügen daran, wie sich der Bug des Kutters hebt und die Wellen bricht, daß die Gischt hoch über die Bordwand spritzt. Der alte *lupo di mare* kann es einfach nicht lassen, und auch Jolanda, die an Bord die Köder für die Reusen richtet, ist zufrieden. »El mio pescador«, sagt sie mit liebevollem, stolzem Blick auf ihren Mann, während er mit glühenden Augen von den früheren Thunfischjagden erzählt. »Zwölf Familien lebten von einem Boot. Alles wurde unten am Meer geteilt. Einmal, ich war noch ein kräftiger junger Kerl, hatten wir in einem einzigen Fang achthundertfünfzig Fische. Doch das Netz hatte sich unter Wasser an einem Felsen verheddert, als wir es an Land ziehen wollten. Einer mußte schließlich hinuntertauchen, zwischen all den panischen Tieren, und das Netz losmachen. Ich war froh, als ich wieder aus der Falle heraus war. Aber es war ein unvergeßlicher Tag mit so viel Fisch auf einmal.«

Srečko drosselt den Diesel und läßt den Kutter die letzten Meter zu einer Boje mit schwarzgelbem Wimpel gleiten. Dort hatte er gestern die erste von fünf Reihen mit je siebzig blauen, miteinander verbundenen Metallreusen und Sardinen als Köder auf den Grund gelassen. Über den Ausleger werden sie an Bord gehievt, entleert, mit neuen Ködern bestückt und aufgestapelt. Es ist ein guter Tag, der auf ruhiger See unter der Morgensonne vor dem Schloß Duino reichen Fang beschert. Drei, vier »Canoce«, wie die Meeresheuschrecken im Dialekt heißen, purzeln aus jeder Reuse und Jolanda packt sie mit geübtem Griff an der Seite oder am Schwanz, auf dem zwei dunkle Punkte ein paar Augen darstellen sollen, um so die natürlichen Feinde zu täuschen. Kein einziges Mal trifft der messerscharfe Zahn der Tiere, den sie als einzige Waffe blitzartig vorschnellen lassen, ihre Hand. Die Möwen, die uns unablässig begleiten, fliegen so dicht heran, daß man sie berühren könnte. Sie wissen, daß die Reste der alten Köder für sie bestimmt sind, stürzen sich kühn ins Wasser und zanken neidisch um die Beute. Ein Möwenfest.

Der Kutter nimmt wieder Fahrt auf, und bald ist die erste Reihe Reusen erneut auf den schlammreichen Grund hinabgelassen, wo die Canoce siedeln. Nach nur drei Stunden ist die Arbeit des Tages getan und Srečko und Jolanda lächeln zufrieden. Während der Kutter sich wieder dem Ufer nähert, folgen uns immer weniger Möwen. Sie wissen längst, daß ihr Frühstück beendet ist. Dafür warten bereits fette Katzen an der Mole, die das einfahrende Boot schon aus der Ferne hörten. Und auch Spaziergänger bleiben stehen, erkundigen sich nach dem Fang und fragen, ob sie ihr Mittagessen hier kaufen können. Frischer bekommen sie es in der Stadt auf keinen Fall.

»Pesce azzurro« – Sardinen, Sardellen und Makrelen sind reich im Golf von Triest vertreten, und ihr Verzehr wird von den Diätspezialisten aufgrund des hohen Omega-3-Gehalts ausdrücklich zur Senkung der Cholesterinwerte empfohlen. Srečko erinnert sich, daß nach dem 10. Juni 1967, mit dem

Ende des Sechstagekrieges zwischen Israel und seinen arabischen Nachbarstaaten, die Makrelen über fünfzehn Jahre verschwunden waren. Ob man wohl etwas in die See gekippt hatte? Auch sonst hat sich vieles im Meer verändert, zum Guten wie zum Schlechten. Jolanda und Srečko sind nicht mit allem einverstanden. Zwar hat der Fischbestand wieder zugenommen, seit ein dickes Rohr für die Süßwasserversorgung von den Quellen des Timavo in die Stadt gelegt wurde und sich daran allerlei Meerestiere festgesetzt haben. Vor allem ist es ein Hindernis für die Schleppnetze, die verheerenden Schaden auf dem Meeresboden anrichten können, über den sie mit der Kraft hoch motorisierter Schiffe gezogen werden. Doch auch die mit starken Lampen ausgerüsteten Kutter, »Lampara« genannt, sind nicht unbedingt als sanfte Methode bekannt. Diese sehr effiziente Fangtechnik zerstört zwar den Meeresgrund nicht wie Schleppnetze, aber die generatorbetriebenen Lampen leuchten hell wie die Sonne. Es ist romantisch, nachts ihre Lichter vom Ufer aus auf dem Meer tanzen zu sehen und in der Ferne die Motoren tuckern zu hören, aber oft genug fahren sie dichter als erlaubt unter die Küste und fischen auch in Zeiten der Reproduktion: Vom Kutter, der »Madre«, aus werden zehn bis fünfzehn Schweinwerfer auf das Meer gerichtet. Ihr starkes Licht lockt den Pesce azzurro an. Mit einem kleinen Boot wird schließlich das Netz um den Schwarm gezogen und das Licht weiter verstärkt. Die Fische schwimmen zur Wasseroberfläche, das Netz unter ihnen wird wie eine Klappe geschlossen und der Fang an Bord gehievt.

Makrelen schmecken am besten in den Monaten April, Mai, September und Oktober. Man brät sie auf dem Rost, so verliert der Fisch etwas von seinem Fett. Oder man bereitet eine Fischbrühe daraus, wie schon die Römer ihr *garum*, das sie als Gewürz zu anderen Speisen verwendeten oder mit

Wasser und Wein vermischt bei Tisch tranken. Und auch als Arznei tat es seinen Dienst. Alici, Sardellen, sind eine der typischsten Speisen Triests, die vorwiegend in zwei Perioden des Jahres gefangen werden, von März bis Juni und im September und Oktober. Ab November verschwinden sie aus dem Golf und ziehen nach Süden zum Laichen. Sie sind um vieles köstlicher als Sardinen. Im Triestiner Dialekt werden sie »Sardoni« genannt, im Gegensatz zu den »Sarde«, und es gibt unglaublich viele Arten der Zubereitung für sie, die die Seiten aller Triestiner Kochbücher füllen. *Sardoni salai* heißen jene, die, so wie sie aus dem Netz kommen, in einem Faß für drei Monate in Meersalz eingelegt werden und danach erst ausgenommen, gereinigt und schließlich in gutes Öl eingelegt werden, wo sie sich lange halten. Auf gerösteten Broten mit Butter, ein paar Ringen Frühlingszwiebeln oder Oliven dazu, als Würze in Salaten oder Pasta – jeder hat ein anderes Rezept, diese Köstlichkeit zu verspeisen. Die Sardoni gibt es auch mariniert oder in *savor*, sauer eingelegt, ehemals ein Rezept der jüdischen Bevölkerung. Sie schmekken paniert oder fritiert, aus dem Ofen mit Tomaten und Kapern, als Terrine, oder mit frischen Kräutern gedünstet. Sardellen halten sich nicht lange frisch, und dem Neugierigen sei schon deshalb die Reise nach Triest empfohlen, damit er jede denkbare Variante probieren kann.

Sgombri al forno con crema di ricotta e cren

Makrelen aus dem Ofen an Ricotta-Meerrettich-Creme

Zutaten für 6 Personen:
600 g Makrelen
grobes Meersalz
Olivenöl extra vergine

100 g Ricotta
20 g frisch geriebener Meerrettich
Salz

Die Makrelen ausnehmen, waschen und filetieren. Eine Handvoll grobes Meersalz in eine Form streuen, die Filets darauf betten und mit Meersalz bedecken. 10 Minuten ruhen lassen, anschließend die Filets unter fließendem Wasser vom Salz befreien, abtrocknen, in Olivenöl wenden und im Ofen bei 140 °C 15 Minuten backen. In der Zwischenzeit den Ricotta durch ein Sieb streichen oder durch die Flotte Lotte drehen, den Meerrettich, eine Prise Salz und einen Löffel Olivenöl hinzufügen. Die kalte Creme neben dem ofenheißen Filet servieren.

Wenn der Reisende vom Flughafen oder der Autobahn kommend auf die 1928 eingeweihte Strada Costiera einbiegt, die vom amerikanischen »Life«-Magazin zu den zehn schönsten Küstenstraßen der Welt gezählt wurde, und an einem der Belvedere hält, vielleicht gleich hinter der galleria naturale, dem in den Fels gehauenen Tunnel, um die überwältigende Aussicht über den Golf zu genießen, wundert er sich über die Reihen von Stahlfässern, die, mit dicken Tauen verbunden, vor der Küste schwimmen: Miesmuschelzuchten. Diese Tiere heißen »Cozze« auf italienisch und »Pedoci« im Dialekt und dürfen in keiner Pasta mit Meeresfrüchten fehlen, vor der man ohne weiteres eine Zuppetta di Cozze e Vongole, sautierte Venus- und Miesmuscheln mit Knoblauch, Petersilie und einem Schuß Weißwein, vertilgen kann. Je nach Meeresboden finden sich noch viele andere Muschelsorten im Golf: Jakobsmuscheln (Cappesante) und Kammuscheln (Canestrelli) auf sandigem Untergrund vor Duino oder Grado, wo die Fischer auch den Rombo (Steinbutt) und die Sogliole (Seezungen) fangen. Auch Austernbänke gibt es wieder, wie einst vor den Salinen von Zaule, die dem Industriegebiet weichen mußten.

Hohe Strafen drohen in fast allen Mittelmeeranrainerstaaten, wenn es um die »Datteri« geht. Die Steindattel besitzt neben der Auster das feinste Fleisch, und vom Grill schmeckt sie besonders köstlich. Diese Muschel bohrt sich in den Kalkstein und wächst darin in über zehn Jahren auf ihre Länge von maximal acht Zentimeter heran. Um sie zu erbeuten, wird die unterseeische Flora und Fauna schwer beschädigt, denn Taucher ziehen mit Elektrohämmern los und zertrümmern ganze Küstenstreifen auf der Suche nach der Preziose. Fischer, Wirt, Koch und Gast werden zusammen verurteilt, wenn sie erwischt werden.

Wir empfehlen eine andere Muschel, die es ganz legal, dafür aber nur in Triest und seinem Umland gibt und die über Jahrzehnte eine ganz eigene Kulturgeschichte der Stadt schrieb: Arche Noah, oder »Mussoli«, wie sie im Dialekt genannt werden. Bevor ihr Bestand in den Siebzigern deutlich zurückging, standen in den Straßen der Stadt Stände der »Mussolere«: Frauen, die nicht aufs Maul gefallen waren, verkauften die Muscheln stückweise. Die Zubereitung ähnelte der von Eßkastanien: Ein Wägelchen mit glühender Holzkohle, auf der die frischen geschlossenen Muscheln für ein paar Augenblicke bedeckt gegart wurden. Die Mussoli haben die Form einer kurzen, breit gebauten Barke (daher der deutsche Name), deren Vorderrand leicht zackig ist. Aus ihrer längsten Seite zieht man, sobald sie gegart ist, einen kleinen knorpelähnlichen Fußanhang wie einen Schlüssel, um sie zu öffnen, und achtet darauf, daß nichts vom Muschelwasser in ihrem Inneren verlorengeht, mit dem zusammen man das knackige Fleisch verspeist. Noch heute wird das Fehlen der Mussolere beklagt, die damals, wie die Austernstände in Paris, das Straßenbild bereicherten und die kleinen

Gelüste zwischendurch befriedigten. Aber auf den Speisekarten der einschlägigen Triestiner Restaurants fehlen sie nicht.

Die Liste der Kostbarkeiten aus dem Golf ist lang, Seespinnen und Schnecken, viele Muscheln und unzählige Varianten von Tintenfischen, Polypen, Kraken und Oktopussen, für die man auch in Spezialwörterbüchern keine deutschen Namen findet. Der neugierige Esser läßt sich vor Ort überraschen.

Polipo all'Istriana

Tintenfisch auf istrische Art

Zutaten für 6 Personen:

1 frischer Tintenfisch von ca. 2 kg
2 Weinkorken
200 g entkernte schwarze Oliven
1 frischer Rosmarinzweig
200 ml Olivenöl extra vergine
1 EL Senf
1 TL Aceto balsamico
Salz
Pfeffer

Den ausgenommenen und gewaschenen Tintenfisch zusammen mit den beiden Korken (machen ihn zart) in einem großen Topf mit sprudelnd kochendem Wasser 40 Minuten kochen. Abgießen, in einzelne Tentakel aufschneiden und in eine ofenfeste Form geben und zusammen mit den Oliven und dem Rosmarin bei 160 °C garen, bis er weich ist.

Für die Sauce Olivenöl, Senf, Aceto balsamico, Salz und Pfeffer im Mixer vermischen, bis eine glatte Creme entsteht. Mit dem Tintenfisch und Kartoffeln als Beilage servieren.

Auch der Golf von Triest ist von einer politischen Grenze durchzogen. Als die Welt noch in zwei ideologische Blöcke geteilt war, kam es immer mal wieder zu Spannungen auf See. Mehrfach hat die jugoslawische Marine auf italienische Fischer geschossen, die die Hoheitsgebiete nicht immer nur unabsichtlich verletzten. Und auch heute gibt es noch manchmal Rangeleien. Jetzt sind es die Kroaten, die den slowenischen Fischern die Durchfahrt auf internationale Gewässer verwehren wollen, doch die Bewerbung um Aufnahme in die Europäische Union wird auch diesen Scharmützeln bald ein Ende setzen. Die Fische führen keine Ausweise mit sich und scheren sich nicht darum, was die Lungenflügler oben veranstalten: Dorade, Wolfsbarsch, Marmorbrasse und Rotbarbe, der grimmige Drachenkopffisch, Zackenbarsch, Zahnbrasse, Meergrundel, Hechtdorsch, Steinbutt, Sankt Petersfisch und die feine Seeschwalbe, oder die inzwischen seltene, zur Familie der Thunfische gehörende »Lissa«, eine Gabelmakrele, die mehrere Meter lang werden kann.

Pesce in sugo mediterraneo

Fisch in einer mediterranen Sauce

Zutaten für 6 Personen:

6 Doraden von je 250 g
3 Tomaten, halbiert
12 entkernte schwarze Oliven
3 Knoblauchzehen, halbiert
1 Stange Lauch, feingeschnitten
12 große, eingelegte Kapern (Fiore di cappero)
6 dünne Zitronenscheiben
Olivenöl extra vergine
Thymian

Den Fisch schuppen, ausnehmen, waschen und filetieren. In einem großen Topf aus den restlichen Zutaten eine Sauce zubereiten. Etwa 8 Minuten auf kleiner Flamme kochen, anschließend die Fischfilets darauflegen und, falls notwendig, etwas Fischsud (siehe S. 60) zugeben. Weitere 10 Minuten auf kleiner Flamme kochen lassen und heiß mit einem Zweig Thymian servieren.

»Man muß das Meer pflegen wie die Erde«, sagt Jolanda, und Srečko fügt hinzu, daß es vor allem nicht überfischt werden sollte. »Ein paar Monate Pause würden genügen. Aber das ist nicht durchzusetzen.« Was er denn in der Zeit unternehmen würde, könnte er wirklich auf seine tägliche Ausfahrt verzichten? »Tintenfische, Muscheln, Seespinnen, Meeresheuschrecken. Es gäbe immer noch genug zu fangen.«

Ein Gang durch die Fischgeschäfte in der Via Genova, an der Piazza Venezia, in der Via Carducci oder am Largo Piave macht deutlich, wie unterschiedlich auch die Preise sind. Viel Ware stammt aus Zuchten, denn der echte, meeresfrische Fangfisch ist rar, und seine Qualität drückt sich auch im Preis aus. »Pescato dell'Adriatico« steht beim Fischhändler mit Kreide auf dem Täfelchen mit dem Preis oder »Allevamento« bei Zuchtfischen. Die Globalisierung hat überall zugeschlagen. Steinbutt und Seezungen gibt es auch aus holländischen Zuchten, Krabben aus Hormonanbaugebieten in Asien, ganz zu schweigen von den Lachsskandalen, bei denen ganze Küstenstriche vor Schottland und Norwegen durch die Ausscheidungen der Tiere in den Zuchtbassins verseucht und lange brauchen werden, bis sie sich wieder erholt haben.

Die besten Restaurants haben »eigene« Fischer, die sie so gut kennen wie die Fangtechnik, und eine Speisekarte, deren Angebot an fangfrischem Fisch täglich wechselt. In diesen Lokalen braucht niemand nach dem Tagesfang zu fragen.

Das Personal trägt ihn von sich aus vor. Und wer dem Fischreichtum persönlich ins Auge schauen möchte, der sollte sich aufmachen zur »Riserva Marina di Miramare«, dem vom WWF geführten Meeresschutzgebiet um das Schloß Miramare herum. Dort kann man eine einstündige Unterwasserführung mit Taucherbrille und Schnorchel oder Flaschen buchen. Vorbestellung wird empfohlen.

Ich schau dir in die Augen, Kleiner.

Amis Ratschläge für eine einfache, kreative Fischküche

Der Einkaufszettel muß flexibel sein, denn das Angebot an frischem Fisch hängt von der Jahreszeit, dem Klima und dem Glück des Fischers ab. Variablen, die den Einkauf bestimmen. Man sollte also in der Lage sein, die geplanten Gerichte nach dem Tagesangebot zu verändern.

Um die Frische des Fischs zu beurteilen, schauen Sie ihm von möglichst nahe in die Augen. Das erste Kennzeichen ist die Prallheit, sie sollten straff sein und kompakt. Ein in der letzten Nacht gefangener Fisch ist wie erstarrt, er zeigt sich gekrümmt, hat ein offenes Maul und eine geschwollene Zunge und die Schwimmblase ist noch voller Luft. Mit der Zeit lockert er sich, und um so älter er ist, desto weicher wird er. Frischer Fisch riecht nach Meer und Salz.

Fisch sollte man mit Respekt behandeln. Er verträgt keine zu langen Kochzeiten und darf auf keinen Fall mit Gewürzen überladen werden, wenn er seine Eigenschaften nicht verlieren soll. Es ist ein Lebensmittel, das wenig Raum für Übertreibungen zuläßt, aber Wissen, Kreativität und Können verlangt.

Welcher Fisch auch immer gewählt wurde, es empfiehlt sich, ihn sofort nach dem Kauf gründlich zu reinigen und so kurz wie möglich an der Luft zu lassen, da sonst das Wasser, das er enthält, verdunstet und er austrocknet.

Ami

Auch wenn relativ viel Abfall anfällt, wird außer den Innereien nichts weggeworfen. Gräten, Kopf und die Reste vom Fleisch ergeben den Sud, der immer gebraucht wird, um aufzugießen, zu verlängern, zu kochen, für Saucen, Risotti und Suppen. Am besten bereitet man den Sud sofort zu und bewahrt ihn, in kleine Portionen aufgeteilt, im Tiefkühlschrank auf (s. S. 60). So ist er fertig, wenn er für andere Speisen benötigt wird.

Geben Sie auf die Hitze acht. Das Garen ist ein heikler Moment und dauert bei einem Großteil der Fische nur kurz, erst recht, wenn sie bereits filetiert sind. Zu langes Kochen reduziert sein Aroma, seinen Geschmack und seine Zartheit. Pfannen oder Grill müssen immer heiß genug sein, um dem Fisch eine goldgelbe Farbe zu geben, ins Innere aber soll sie nur langsam dringen. Ergänzen läßt er sich phantasievoll mit verschiedensten Saucen und Beilagen.

Das Öl ist ein Thema für sich. Zum Dämpfen oder Grillen ist ein feines, leichtes Öl ideal. Für den »Pesce azzurro« – Sardellen, Makrelen, Thunfisch also –, Suppen und deftigere Zutaten empfiehlt sich ein kräftigeres Öl. Beim Fritieren ist die Wahl zwischen Olivenöl oder Erdnußöl Geschmackssache. Olivenöl hat mehr Fettstoffe und ist geschmacksintensiver. Beim Fritieren muß das Öl sehr heiß werden und nach Gebrauch weggeschüttet werden.

Gewürze, frische Kräuter und Früchte bereichern, doch der Protagonist ist immer der Fisch.

Kutteln für den Chefarzt

»Carlo bedient mich, ich esse im Saal neben meinem Zimmer, er gönnt mirs mit dem unendlichen Wohlwollen eines großen alten Hundes, der irgend einen kleinen aus seiner Schüssel fressen läßt. Die Köchin war den ersten Tag fassungslos meinen vegetarischen Prätentionen gegenüber, nun kamen wir uns ein wenig entgegen, sie erholt sich schon und kommt wieder zu Künsten, heute war sie direkt erfinderisch.« Es waren die ersten Tage, die Rilke allein auf Schloß Duino verbrachte, nachdem ihn seine Mäzenin Marie von Thurn und Taxis, die »Liebe Fürstin«, wie er sie in seinem Brief vom 15. Dezember 1911 nannte, dort mit dem Personal zurückgelassen hatte. Ein Blick zum Schwindligwerden, hoch vom Schloßturm über dem steilen Felsen, der Rilke der Führung jener Engel überließ, die er in den »Duineser Elegien« besingen sollte. »Ich seh Ihr kleines Reich oben, die eingewohnte von Erinnerungen dichte Welt mit dem Fenster ins ganz Große; es liegt etwas Endgültiges in dieser Einrichtung, die Nähe sehr nah heranzuziehen, damit die Weite mit sich allein sei. Das Enge bedeutet viel, und das Unendliche wird dadurch eigenthümlich rein, frei von Bedeutung, eine pure Tiefe, ein unerschöpflicher Vorrat von seelisch verwendbarem Zwischenraum –.« Nur mit dem Essen war's dem Dichter nicht so recht. Der Himmel voller Vögel, der Karst voller Wild und ein unter der Sonne gleißendes Meer zu Füßen, von dem die Segel der Fischerboote grüßten – Rilke war fleisch- und fischlos am glücklichsten.

Die Stadt in der Nähe mochte Rilke nicht, und er schreibt ein halbes Jahr später aus Spanien: »Ich bin um zehn Uhr morgens angekommen, in Madrid, (das mir fast so mißfiel wie Triest) nur eben von einem Bahnhof zum anderen fahrend ...« Auf Schloß Duino aber blieb Rilke bis ins späte Frühjahr hinein mit den ersten Strophen der »Elegien« beschäftigt, in seinem Turmzimmer mit dem atemberaubenden Ausblick. Tief unten die *dama bianca*, ein aus dem Wasser aufragender, vom Wetter geschliffener Felsen. Der Legende nach ist er das Stein gewordene Abbild einer ehemaligen Schloßbewohnerin, die sich dort vor Jahrhunderten zu Tode stürzte, um dem gewalttätigen Gemahl zu entgehen. Daneben »Dantes Nase«, ein kleiner Steinrücken, der bei Ebbe zu Fuß zu erreichen ist und auf dem, lange vor Rilke, Dante seine Gesänge verfaßt haben soll. Als Gast des Grafen Hugo VI. verbrachte er nach 1304 eine Zeit seines Exils im alten Schloß von Duino.

Nach Ostern bekam der deutsche Dichter schließlich Besuch von Marie von Thurn und Taxis, die selbstverständlich ihren Leibkoch im Gefolge hatte. Ein paar Tage vor der Ankunft seiner Mäzenin, am Karsamstag, dem 6. April 1912, schreibt Rilke: »Sistiana blüht schon von Badegästen, mehr als 50. Trank gestern dort Thee, auf der Terrasse; aber wunderbar war's hernach, drüber auf den kleinen Wiesenwegen am Hang. Kennen Sie dies auch so besonders: ein gegen Abend eingedeckter Himmel, Wiesengrün, blühende Bäume, halb davor, halb in grauer lautloser Luft? Für mich gehörts zum Unvergeßlichsten: blühende Bäume ohne Sonne bei nahendem Regen, von dem schon einzelne Vogelstimmen vorhersagen, wie er sein wird. Ach wenn mirs doch noch einmal so im Innern würde, wie's dann in der Natur ist, nicht einmal hell, aber still und zukünftig.«

Erstaunlicherweise klagte Rilke schon seit geraumer Zeit in seinen Briefen nicht mehr über das Essen. Vielleicht hatte die Köchin für ihn den weißen Trüffel aus Istrien besorgt, der übrigens dem Verwandten aus dem Piemont in nichts nachsteht. Und nach den Wintermonaten warf der fürstliche

Gemüsegarten gewiß wieder mehr ab, was dem deutschen Dichter schmeckte. Doch vielleicht hatte die Köchin ihm auch gezeigt, was er von seinen Spaziergängen über den Küstenweg mitbringen sollte, der heute nach ihm benannt ist – Sentiero Rilke – und gleich am Ortsausgang Duinos beginnt. Ein idyllischer Spaziergang von einer guten halben Stunde, ausgewaschener grauer Stein, die duftende Macchia des Mittelmeers, tief drunten das Meer und ein Blick, der nimmer zu enden scheint. Auch in der Cernizza lustwandelte der Verfasser der »Elegien« gewiß, dem Wäldchen zwischen Schloß Duino und der Mündung des Timavo. Ob er sich wirklich zu den Pflanzen hinabgebückt hat oder den Blick stets zu den Engeln richtete? Vermutlich war es die Köchin selbst, die sich aufgemacht hatte, um *bruscandoli* einzusammeln, den kaum bleistiftdicken wilden Spargel, der auf der kargen Erde des Karsts zwischen dem vom Regen ausgewaschenen Kalkstein wächst und, in kleine Stücke zerteilt in Öl und etwas Knoblauch geschwenkt, dann als Frittata, eine Omelette, zubereitet wird. Und wenn erst der Holunder in Blüte steht, feiert der Gaumen ein Fest: Rilke hätte eine elfte Elegie ausschließlich den Fiori di Sambuco gewidmet, wenn die Köchin ihn zur Holunderblüte auf die Lotsenwege geschickt hätte. Himmlische Rezepte lassen sich damit gestalten, die jedes Fleischgericht auf die Ränge verweisen, und Desserts, die allerdings ein bißchen Vorbereitung benötigen.

Vino ai fiori di sambuco

Holunderblütenwein

Zutaten für 6 Personen:

1 l Weißwein
50 g Zucker
100 g Holunderblüten
1 TL Salz

Den Wein mit dem Zucker und dem Salz erhitzen und verrühren, vom Feuer nehmen, abkühlen lassen und die Holunderblüten in den lauwarmen Wein geben. Drei, vier Tage an einem kühlen Ort ruhen lassen und durch ein Sieb gießen. Im Kühlschrank aufbewahren.

Frittelle di fiori di sambuco

Kleine Krapfen mit Holunderblüten

Zutaten für 6 Personen:

2 Eier
1 Tütchen Hefepulver
150 ml Holunderblütenwein
200 g frische Holunderblüten
9 EL Mehl
Salz

Alle Zutaten mit einer Prise Salz zu einem Teig verarbeiten und zwei Stunden ruhen lassen. Anschließend aus dem Teig mit zwei Eßlöffeln kleine Krapfen formen und in 160 °C heißem Öl fritieren. Herausnehmen, auf Küchenpapier abtropfen lassen und anschließend mit Puderzucker bestreuen.

Crema ai fiori di sambuco
Creme von Holunderblüten

Zutaten für 6 Personen:
1 l Sahne
150 g Zucker
Salz
150 g Holunderblüten am Stiel

Die Sahne erwärmen und darin Zucker und eine Prise Salz auflösen, vom Herd nehmen und die Holunderblüten zugeben. Einen Tag lang im Kühlschrank ziehen lassen. Durch ein Sieb gießen und mit dem Schneebesen gut verrühren. Die Creme zu Schokolade oder zu den Frittelle aus Holunderblüten reichen.

Essen und Trinken: Abgesehen von der Lektüre oder dem direkten Gespräch ist dies vielleicht das beste Werkzeug, um einen fremden Ort besser kennenzulernen. Triest, die Stadt der Einwanderer, versammelt so viele verschiedene Einflüsse in der Küche, wie es Menschen aus aller Herren Länder gab, die sich hier niederließen. Die landschaftlichen Vorgaben, Meer, Karst und istrisches Hinterland, fanden Ergänzung durch den florierenden Hafen, über den Gewürze aus fremden Ländern importiert wurden.

Katharina Prato war eine leidenschaftliche Reisende, die wußte, worum es beim Essen geht. Die gebürtige Grazerin (1818-1897) stimmte auf Anregung von Freunden der Drucklegung ihrer großartigen Rezeptsammlung zu, die, in zahlreiche Sprachen übersetzt, hunderte von Auflagen erreichte. Der Originaltitel allerdings ist so banal wie mißverständlich: *Die Süddeutsche Küche*. Der Titel einer frühen italienischen Ausgabe kommt der Sache näher: *Manuale di cucina*, Handbuch für die Küche. In diesem Werk hat die geniale Frau Rezepte und ihre Ursprünge und Hinweise und Ratschläge aus vielen Gebieten, die zur Doppelmonarchie gehörten, gesammelt – aber selbst England und Frankreich ließ die Autorin nicht außer acht. Das Trentino, Friaul, Lombardei und Veneto, der Adriaraum, die Karnischen Alpen, Kroatien, Böhmen und Mähren, Serbien und Ungarn stehen im Mittelpunkt – Fleisch- und Fischküche gleichermaßen. Es ist ein modernes Standardwerk, das schon Mitte des 19. Jahrhunderts vom frischen Ingwer in der »mitteleuropäischen« Küche spricht, von Kardamom, Koriander und fritierten Blumen.

Ein Großteil der neuen Triestiner stammte nicht aus Küstengebieten, sondern aus dem europäischen Binnenland. Aus der Schweiz, Ungarn, Böhmen und Masuren, Deutschland und Frankreich, aus der Tschechei, Serbien und Österreich zum Beispiel. Natürlich hatte Katharina Prato auch ihnen in den Topf geschaut. Triests Speisezettel ist reich an Gegensätzen. Wer wirklich Bärenfleisch probieren will, muß nach Slowenien fahren, aber welche andere südliche Hafenstadt hat eine so vielfältige Fleischküche entwickelt wie diese?

Filetto di manzo marinato con salsa rossa allo zenzero

Mariniertes Rinderfilet an pikanter Sauce mit frischem Ingwer

Zutaten für 4 Personen:

800 g Rinderfilet am Stück
350 g grobes Meersalz
2 Knoblauchzehen, feingehackt
1 Salbeiblatt
abgeriebene Schale von 1 Zitrone

1 EL in Salz eingelegte Kapern, gewaschen
40 g grobgemahlener schwarzer Pfeffer
Olivenöl extra vergine

Für die Sauce:
2 rote Paprika
Salz
2 große gehäutete Tomaten
Saft von 2 Zitronen
100 g Zucker
½ TL gemahlene Peperoncini
1 EL frisch geriebener Ingwer

Vom Filet die Haut entfernen und zwei Stunden lang unter dem groben Meersalz ruhen lassen. Das Salz entfernen und das Fleisch mit dem Gemisch aus Knoblauch, Salbei, Zitronenschale, Kapern, Pfeffer und Olivenöl einreiben. Im auf 180 °C vorgeheizten Backofen 20 Minuten lang braten, danach herausnehmen und 8 Minuten ruhen lassen.

Für die Sauce (Achtung, scharf!) die Paprika halbieren, entkernen und mit einer Prise Salz ein paar Minuten kochen und häuten. Mit den anderen Zutaten in einen Mixer geben, anschließend die Sauce 15 Minuten kochen und dann durch ein Sieb streichen.

Triests bedeutende Geschichte ist jung. Aus römischer Zeit weiß man kaum mehr, als daß die erste Begegnung mit den Menschen an der nördlichen Adria zur Zeit des ersten Istrischen Krieges (221 und 220 v. Chr.) stattgefunden hat. Es ging darum, den Raubzügen der illyrischen Piraten ein Ende zu setzen, die ein römisches Handelsschiff nach dem anderen kaperten. Aus der Zeit Augustus', der seine Gemahlin mit dem *vinum pucinum* besänftigte, stammt der Arco di Riccardo in der Città vecchia. Die Basilika auf dem Colle di San

Giusto ist ein Werk aus der Zeit Kaiser Trajans (98-117 n. Chr.), wie das Teatro Romano, auf das man erst 1938 stieß, als Teile der Città vecchia faschistischen Trotzbauten weichen mußten. Im Zuge der damaligen Bauarbeiten wurde eine städtebauliche Charakteristik von hoher Ästhetik zerstört: Als wollte man in nationalistischem Wahn den Teil der Erinnerung aus dem Gedächtnis streichen, der die Blütezeit der Vielvölkerstadt symbolisierte, füllte man mit dem Abraum den letzten Teil des Canal Grande auf, der ursprünglich bis an die Stufen der Kirche San Antonio Taumaturgo reichte und als Ankerplatz kleinerer Handelsschiffe diente. Warum gibt es keine Bürgerinitiative, die sich für die Wiederherstellung dieses einmaligen Bildes einsetzt?

Zeugnisse der römischen Zeit finden sich zwar bei jedem Spatenhieb, doch Schriftstücke der großen Geschichtsschreiber wie Plinius und Strabo über das alte Tergeste sind verschollen oder unvollständig. Alles hatte Triest einigermaßen unbeschadet überstanden, Römer und Illyrer, Ostgoten, Hunnen und Byzantiner. Erst die Langobarden zogen einen Schlußstrich, und der Marktplatz Tergeste versank von 751 bis 1719 in eine fast tausendjährige Bedeutungslosigkeit, in der sich die verbliebene kleine Siedlung gegen die angrenzenden Mächte wehren mußte. Als sich Triest 1382 schließlich dem Schutz der Habsburger unterstellte, kehrte langsam Ruhe ein, doch erst der Fall Venedigs, das die Schiffahrt auf der Adria über Jahrhunderte dominiert hatte, setzte die Entwicklungsmöglichkeiten Triests frei, das nun über See- und Landverbindungen gleichzeitig verfügte. Ein für die alte Welt einmaliges Wirtschafts- und Bevölkerungswachstum war die Folge.

Rasch wurde nach 1719 die architektonische Erweiterung über die alten Mauern hinaus betrieben. Die Stadt konnte kaum schnell genug wachsen, um den zuströmenden Arbeitern, Spekulanten, Unternehmern und Glücksrittern ausreichend Wohnraum zu bieten. Reichte der alte Stadtkern nur wenig über den Nukleus der römischen Siedlung hinaus, über den Colle di San Giusto bis ans Meer hinunter, wurden nun systematisch die Salzgärten trockengelegt und das Borgo Teresiano errichtet mit seiner streng geometrischen, dem Muster der alten Salinen folgenden Straßenziehung. Eine Baukommission erstellte für die »Theresien-Stadt« detaillierteste Vorschriften. Für jedes neue Gebäude gab es eine Regel: Lagerräume im Erdgeschoß, Büros im zweiten Stock, teilweise auch im ersten, der Beletage, die eigentlich den Wohnräumen des Besitzers vorbehalten war. Die Häuser mußten so errichtet werden, daß die Sonne zumindest die Fenster dieses Stockwerks erreichte. Das letzte Geschoß schließlich bildeten Mietwohnungen. Im Inneren der weitläufigen Gebäude mußte sich ein Hof mit einem Garten befinden. Kein prunkvolles Dekor, alles war auf den Nutzwert und den Profit ausgerichtet. Italo Svevo beschreibt in seinem Roman *Ein Leben* eines dieser Handelshäuser eines durchschnittlichen Kaufmanns, das er in der heutigen Via Galatti, zwischen Piazza Oberdan und Hauptbahnhof in zentraler Lage ansiedelte:

»Herrn Mallers Haus befand sich in der Via dei Forni, einer Gasse der Neustadt, in der die Häuser, fünf Stockwerke hoch, grau und bar jeder äußeren Eleganz waren. Ihr Erdgeschoß bestand aus weiträumigen Magazinen. (...) Als er das gesuchte Haus gefunden hatte und das Treppenhaus betrat, war er einen Augenblick überrascht. Die weite Halle war taghell erleuchtet und von einer amphitheatralisch ansteigenden Treppe in zwei Hälften geteilt. Kein Mensch war da, und während Alfonso die Treppe hinanstieg und kein anderes Geräusch hörte als den Klang und Widerhall seiner eigenen Schritte, kam er sich vor wie ein Märchenheld.«

Es war eine strategisch weitsichtige Politik, die Kaiserin Maria Theresia dieser Stadt angedeihen ließ. Freihafen und steuerliche Erleichterungen, die Tolerierung anderer, nichtkatholischer Konfessionen, Amnestien und natürlich der rapide Ausbau des zentralsten Hafens Europas führten dazu, daß bald auch der Platz im Borgo Teresiano eng wurde und sich die Stadt in alle anderen Richtungen weiter ausdehnte.

Vom Burghügel herab sind die Tempel der einzelnen Religionsgemeinschaften gut zu sehen: die beiden Kirchtürme der griechisch-orthodoxen Gemeinde, die blauen Kuppeln der serbisch-orthodoxen, die Kirchenspitze der Lutheraner, der Tempel der Waldenser, das mächtige Gebäude der Synagoge und natürlich die Türme der verschiedensten katholischen Kirchen, von denen einer gar anmutet wie ein Minarett. Hier war eine neue Gesellschaft entstanden, ein Beispiel des bürgerlichen Zusammenlebens. Im Triest von damals war es unbedeutend, wo man geboren wurde, um vieles bedeutsamer war, wo man starb. Auf dem Zentralfriedhof wurde die letzte Bleibe angelegt. Sieben konfessionelle Abteilungen beherbergt er, und zu den bereits genannten Religionen kommen dort noch ein »British Cemetery« und ein muslimischer Friedhof hinzu. Der Flaneur entdeckt schnell, daß sich viele Namen auf den Grabsteinen der einzelnen Abteilungen gleichen. In Triest heiratete man über die Konfession hinaus. Religiöse oder ethnische Zugehörigkeit waren sekundär, dafür brachte man niemanden um, von Bedeutung war nur die soziale Klasse, die der einzelne erreichte.

An den Rive, der Uferstraße, errichtete der aus Korfu stammende Kaufmann Demetrio Carciotti seinen mächtigen neoklassizistischen Palast. Auf seinem *Spaziergang nach Syrakus* sah Johann Gottfried Seume 1801 die mediterrane Welt bei Triest zum ersten Mal: »Das Haus eines Griechen, wenn

ich mich nicht irre ist sein Name Garciatti, ist das beste in der Stadt und wirklich prächtig, ganz neu und in einem guten Stil gebaut. Eine ganz eigene recht traurige Klage der Triester ist über den Frieden. Mit christlicher Humanität bekümmern sie sich um die übrige Welt und ihre Drangsale kein Jota und wünschen nur, daß ihnen der Himmel noch zehn Jahre einen so gedeihlichen Krieg bescheren möchte; dann sollte ihr Triest eine Stadt werden, die mit den besten in Reihe und Glied treten könnte. Dabei haben die guten kaufmännischen Seelen gar nichts Arges; schlagt euch tot, nur bezahlt vorher unsere Sardellen und türkischen Tücher.«

Gleich in der Nachbarschaft Carciottis steht die ehemalige Casa Sartorio, ein anderer neoklassizistischer Palast, der später zum ›Hôtel de la Ville‹ umfunktioniert wurde, heute im Besitz einer Bank ist und nun vielleicht wieder Hotel werden soll. So geht es in Triest: Man fängt gerne wieder von vorne an. Die Sartorio waren aus San Remo stammende Kaufleute, die es in Triest zu erheblichem Reichtum brachten, und sie waren Kunstsammler. In einer anderen ihrer Villen, die die Familie schließlich der Stadt vermachte, befindet sich ein Museum, das einen Besuch lohnt, unter anderem verfügt es über eine umfassende Sammlung Rötelzeichnungen von Tiepolo.

Die »neuen« Triestiner, die am nördlichen Golf der Adria ihr Glück gemacht hatten, setzten, sofern sie ohne Nachfahren geblieben waren, in der letzten Generation oft die Stadt Triest als Erben ein. Auch die Morpurgos handelten so, eine jüdische Kaufmanns- und Bankiersfamilie, deren Oberhaupt unter Franz Josef I. zum Katholizismus konvertierte und für seine wirtschaftlichen Verdienste zum Baron ernannt wurde. In der Via Imbriani befindet sich heute das gleichnamige Museum, das dem Besucher mit seinen knarzigen alten Parkettböden und tausenderlei Einrichtungsgegenständen vieler Epochen, bis hin zu reich gedeckten Tischen, vor Augen führt, wie die Upperclass einst lebte.

Baron Pasquale Revoltella, der im Alter von vier Jahren als Sohn eines venezianischen Metzgers nach Triest kam, beauftragte einen Schüler des Berliner Architekten Karl Friedrich Schinkel mit dem Entwurf für sein Wohngebäude. Revoltella hatte eine erstaunliche Karriere gemacht: Während sein Bruder dem Beruf des Vaters nachging, wurde Pasquale, als Freund Maximilians I., für seine ökonomischen Verdienste geadelt. Seinen Bürgerpalast ließ er von Anfang an als künftiges Museum für die Stadt, die ihn zu Wohlstand brachte, konzipieren. Revoltella war der Begründer einer Schule für kleine Kaufleute, einer Vorläuferin der heutigen Universität, war Vizepräsident der Suez-Gesellschaft und steckte eigenes Vermögen in den Bau des Kanals, der den Hafen von Triest noch weiter in den Mittelpunkt der Welt rückte. Einem alten Buch haben wir die nachfolgende Darstellung eines Empfangs beim Baron entnommen: »Man konnte sich natürlich nicht mit den Wiener Konfitüren begnügen und dem kalten Buffet, das im Billardsaal aufgebaut war, wo Havanna-Zigarren für fünf Fiorint geraucht wurden. Was für eine Schlacht vor dem orangen Salon, wo – gruppenweise – das gesetzte Essen gegeben wurde. Geduld war gefragt, wenn jemand, aus Versehen natürlich, sitzenblieb und ein zweites Mal aß. Der Geruch der köstlichen Fleischspeisen vermischte sich mit dem des Modeparfums ›Jockey Club‹. Die Tischtücher aus feinstem Stoff waren mit Blüten bestreut, die von der Riviera geschickt wurden. Unter dem glitzernden Licht der silbernen Lampe, die ein Vermögen aus Gold gekostet hat.

Es gibt keinen Lerchengesang, aber die kulinarische Kunst feiert hier ihren höchsten Triumph. Dort ein immenses Krokodil, kreiert aus zwanzig Sorten Fisch und Meeresfrüchten. Fette Hunde aus Butter beknurren ein wütendes Wildschwein, geformt aus köstlichen Würsten. Zwerge, die ein Schlaraffenland erklimmen, auf dem getrüffelte Salami und rosafarbener Schinken thronen. Hier eine Festung unter dem Schnee, vor der Hütte ein kniender Eremit: Eine süße Phantasie aus Krokant, Sahne und ›Pan di Spagna‹. Und überall zittern Gelatinen, erröten Hummer, duften die Trüffel. Pyramiden aus Fisch, die über ein Gebirge aus Birnen schauen. Die Kellner bieten Sorbets aus geheimnisvollen Zutaten an, tragen Tabletts mit dampfenden Krapfen, schenken mit vollen Händen den göttlichen Champagner ein.«

Das Volk freilich aß anders. Der florierende Hafen war der wichtigste Arbeitgeber und zog die Gründung einer Menge anderer Unternehmen nach sich. Handelshäuser, Versicherungen und Schiffsmakler, Banken und Kanzleien, Handwerk und Gastronomie. Triest wuchs zum weltweit drittwichtigsten Hafen heran und verlor diese Position erst wieder mit dem finsteren Schatten, den das 20. Jahrhundert über Europa warf. Doch bis dahin mußten Frachten gelöscht, Schiffe gebaut oder repariert, Lager verwaltet und Waren transportiert werden. Früh begannen die Schichten, und schon mitten am Vormittag knurrte der Magen. Ein Moment der Wortschöpfung: »Il rebechin« bedeutet ›wieder zubeißen‹. Vesperpause. Die Arbeiter vom Karst, die zu Fuß in die Stadt kamen, um das schmale Salär nicht für Zugfahrkarten zu verschwenden, haben sich vermutlich auch den »zweiten Bissen« aus der Landwirtschaft der Familie mitgebracht. Wer aber in der Stadt wohnte, mußte versorgt werden, schnell und nahrhaft. Die »Buffets« sind neben den schon vergessenen Mussolere wohl die typischste gastronomische Einrichtung Triests. Manche, wie ›Pepi s'ciavo‹ in der Via Cassa di Risparmio, erkennt man schon am Geruch, der einem auf dem Gehweg entgegenzieht und selbst die Abgase des dichten Verkehrs in der Innenstadt übertrifft: Sauerkraut, Kaiserfleisch und Eisbein,

Schweinebauch, Zunge, gekochter Schinken. In großen Töpfen siedet es den ganzen Tag, der Raum ist eng, vor dem Tresen drängen sich die Menschen, und die wenigen kleinen Tische sind fast immer belegt. Meerrettichwurzeln liegen bergeweise bereit, Cren sagt der Triestiner dazu. Daß hier der Einfluß Böhmens und Österreichs dominiert, kann auch die Platte voller Sardoni impanai nicht verhindern, die neben einer Schüssel Liptauer steht. Panierte Sardellen neben angemachtem Frischkäse. Auch ›Siora Rosa‹ läuft bestens, das Lokal neben der städtischen Bibliothek und dem Svevo-Museum an der Piazza Hortis, wo auch das nautische Gymnasium steht. Wir hingegen ziehen das Lokal eines Freundes vor: ›Da Giovanni‹ in der Via San Lazzaro, dort gibt es Fleisch- und einfache Fischgerichte. Der erste Blick fällt auf eine gigantische Mortadella, die den Tresen wie ein dicker König beherrscht, dahinter fässerweise Wein, wechselnde Tagesgerichte verhindern die Langeweile beim schnellen Mittagsmahl, zu dem der »Rebechin« sich heute gewandelt hat. »Früher kamen die Handwerker schon um neun Uhr, um einen Teller Kutteln zu essen, heute aber sind es vielleicht die Straßenkehrer oder Kaminfeger, die gegen zehn kommen«, sagt unser Freund Bruno, der den Laden zusammen mit seinen beiden Schwestern schmeißt. »Kutteln gibt es, wie alle anderen Gerichte, jeden Tag frisch. Es ist ein Klassiker, den wenige in der Stadt noch zubereiten. Ein preiswertes und nahrhaftes Gericht, was nicht bedeutet, daß der Notar oder der Zahnarzt sie verabscheuen würden.« Bruno schenkt ein Glas istrische Malvasia ein und schneidet den dampfenden Praga, den in einer Brotkruste gebackenen Prager Schinken, auf, reibt üppig Meerrettich darüber. Die Bestellungen fliegen durch den engen Raum, die Gäste an den Tischen wechseln im Halbstunden-Rhythmus, andere warten an der Tür, bis Platz frei wird. Neben dem sonnengebräunten Herrn

Rechtsanwalt mit dem Pferdegebiß und dem Chefarzt mit dem zottigen Haar steht ein Amtsrichter mit grauem Teint im Gespräch mit dem gelangweilt wirkenden Steuerberater, und hinter dem Tresen kocht und brodelt es in den Töpfen.

Guanciale di vitello arrosto con pure di patate

Kalbsbacke mit Kartoffelpüree

Zutaten für 4 Personen:
2 Karotten
2 Zwiebeln
500 g Kalbsbacke
1 EL Olivenöl extra vergine
200 ml Rotwein
Thymian
Rosmarin
Majoran
Salz

Das Gemüse schälen, kleinhacken und mit dem Fleisch und dem Olivenöl in einer Pfanne 10 Minuten braten. Danach mit dem Rotwein übergießen, die Gewürze dazugeben und bei niedriger Flamme 1 1/2 Stunden köcheln lassen, bei Bedarf Wein oder Fleischbrühe zugeben. Das Fleisch in Stücke schneiden, die Sauce zugeben und mit Kartoffelpüree servieren.

Heute ißt man später, der Bankier kommt gegen halb zwei, wenn die Straßenfeger schon dem frühen Feierabend entgegensehen. Die Rhythmen haben sich verschoben, nachdem das Handwerk kaum mehr goldenen Boden hat und vor allem der Hafen vor sich hin trödelt. Er ist zum Spielball der verschiedenen politischen Interessen in der Stadt verkommen, und die sich seit Jahren wiederholenden Diskussionen um eine bessere Zukunft klingen, als gäbe es eine Strategie, mit der mit aller Kraft jeder Schritt nach vorne, weg vom Eingefahrenen und hin zu neuer Blüte, verhindert werden sollte. Unsere Scherze darüber entbehren leider nicht einer profunden Wahrheit: »In Triest geht's einem gut, auch ohne daß man etwas tut.« Die Stadt verfügt über die dritthöchsten Spareinlagen des Landes und einen Reichtum an Natur, der einzigartig ist: das Meer vor dem Haus, den Karst im Rücken und eine große Zukunft – hinter sich, wie ein Freund aus Mailand scherzte.

Es ist wie ein Laster, von dem man sich nicht trennen will, wie Italo Svevos ewige »letzte Zigarette«, von der sein Held Zeno Cosini trotz all der raffinierten Tricks und subtilen Selbstbetrugs einfach nicht lassen kann. Doch auch die Stagnation bietet Vorteile. Die Innenstadt Triests verödet lange nicht so schnell wie andernorts, und noch ist es möglich, zahlreiche Läden zu finden, die mit der Uniformität der Benettons und anderer Labels nichts zu tun haben. Dazu gehört natürlich ›Toso‹, die wundervolle alte Drogerie an der Piazza San Giovanni, gleich neben der ›Gran Malabar‹, wo nicht nur alte Damen in Pelzmänteln und bemäntelten Hündchen an der Leine vom Schnürsenkel über Rasierseifen und Pigmente bis zum Safran alles finden. Nein, Mauro, der Inhaber, hat den Anschluß an die Moderne nicht verschlafen. Originalität der Ladeneinrichtung und des Sortiments sind ernste Konkurrenten der glattgeschleckten Angebote internationaler Ladenketten. Die Drogerie ›Toso‹ floriert. So wie die Vielfalt der Triestiner Speisekarte und die Buffets in den Straßen Triests der Verbreitung bestimmter Hamburger-Läden von vornherein einen Riegel vorgeschoben hatten. Das Fastfood-Programm einer geschäftigen Gesellschaft gab es hier bereits über hundert Jahre früher. Fünfundzwanzig dieser Einrichtungen stehen heute im Telefonbuch, und wer Lust hat, spürt sie auf Streifzügen durch abgelegene Straßen auf, wo sich die Leute aus dem Viertel einfinden und auch die Preise moderater sind als unten im Zentrum.

Ein moderner Hafen bietet nicht mehr viele Arbeitsplätze, Personal wird eher entlassen als neu eingestellt. Und als wäre das nicht genug, existiert auch noch ein unnötiger Konkurrenzkampf mit dem Nachbarn jenseits der Grenze. In Koper ist eine emsige slowenische Hafenbehörde dabei, den Vorteil des EU-Beitritts des Landes zu nutzen, und betreibt ein effizientes Marketing im Ausland. Der Standort ist fast so gut wie der Triests, beträgt die Entfernung zwischen den beiden Städten doch kaum mehr als zehn Kilometer, und nur wenige Verbesserungen sind nötig, um den Standard Triests zu erreichen. Anstatt zusammenzuarbeiten, streitet man wie in einer Kleingärtnerkolonie darum, wer die größten Kartoffeln hat. Dabei sitzt die wahre Konkurrenz viel weiter weg. In den 60er Jahren erst machten die Häfen Hamburg, Rotterdam und Genua dem Adriahafen das Frachtaufkommen mit Erfolg streitig und gewannen ständig dazu. Ökologisch unvertretbar und in Zeiten, da in Industriekonzernen »Just in Time«-Lieferungen Standard geworden sind, um die Kapitalbindung des Lagers zu minimieren, auch kostenrechnerisch unsinnig. Als Beweis genügt ein Blick auf die Europakarte: Für die Hauptstädte Sloweniens, Österreichs, Kroatiens, der Tschechischen Republik, Ungarns liegt kein anderer Hafen so nah wie der von Triest und von Koper. Von München nach Hamburg ist es dreihundert Kilometer weiter als an die Adria, wo die Schiffe aus Hongkong und anderen asiatischen Häfen durch den Suezkanal ankommen und ihre Fracht sofort löschen können, anstatt in weiterer fünftägiger Fahrt die Iberische Halbinsel zu umfahren, um einen der Nordseehäfen anzulaufen und dann erst zu verladen. Doch Grenzgebiete sind langsamer als der Rest der Welt. Bis man auch hier endlich begreift, daß nicht der Nachbar der Feind ist, wird noch viel Zeit zum Vorteil der tatsächlichen Konkurrenz verstreichen.

Der Wandel einer globalisierten Gesellschaft geht natürlich auch an Triest nicht vorbei, aber wenn es eine Qualität der fünfzig Jahre am »südlichen Ende des Eisernen Vorhangs« gibt, wie Churchill die Lage Triests nach dem Zweiten Weltkrieg bezeichnet hatte, dann die, daß die Diversität in diesem Winkel der Welt nach wie vor etwas größer ist als anderswo. Die heißen Sommer am stahlblauen Meer mit seinen sanften Wellen, unter den hohen Felsen der Steilküste, aus deren Ritzen die Macchia sprießt, sind wie eine heitere Symphonie, die die leicht bekömmliche mediterrane Kost als galanten Begleiter liebt. Doch kalte Winter, in denen die Bora mit Böen bis zu 180 Stundenkilometern furios durch die Straßen fegt und alles mit sich trägt, was keinen ausreichenden Halt findet, durch Fensterritzen pfeift, Mülltonnen umwirft und Fensterläden von den Häusern reißt, verlangen deftige Kost. Wenn der Wind in der Sacchetta auf Stegen und Wanten der Segelboote sein Orchester streicht, dann ist Zeit für eine dampfende Suppe. Pasta e Fasoi oder eine Grießklößchensuppe, eine Erbsensuppe mit Reis oder mit Bobici, vom frischen gequetschten Mais. Keine aber ist typischer für Triest als die Jota. Es ist vielleicht das einzige Gericht, das reinen Triestiner Ursprungs ist, zubereitet mit den Zutaten des Karsts.

Jota

Zutaten für 6 Personen:
300 g Sauerkraut
1 Schinkenknochen (oder 3 Schweinerippchen)
300 g braune Bohnen
1 Zwiebel, feingehackt
2 Lorbeerblätter
3 mehligkochende Kartoffeln
2 Knoblauchzehen
Olivenöl extra vergine
Salz
Pfeffer

Das Kraut mit Wasser bedecken, den Schinkenknochen hinzufügen und in einem Topf kochen, bis das Wasser auf die Hälfte reduziert ist. Die über Nacht eingeweichten Bohnen mit der Zwiebel und einem Lorbeerblatt eine Stunde kochen. Die Hälfte der Bohnen im Mixer pürieren. Die geschälten und in kleine Stücke zerteilten Kartoffeln mit dem anderen Lorbeerblatt und dem Knoblauch etwa 20 Minuten kochen, bis sie durch sind. Nun alle Zutaten zusammen in einen großen Topf geben und mindestens 2 Stunden ohne Hitze ruhen lassen (besser noch ist ein ganzer Tag). Vor dem Servieren wieder erwärmen, aber nicht kochen, und auf dem Teller mit einem Faden Olivenöl garnieren.

Süßer Wahn

»Ich hoffe, Du trinkst jeden Tag von dem Kakao, und ich hoffe, daß Dein kleiner Körper (oder wenigstens gewisse Teile von ihm) ein wenig voller werden. Ich muß gerade lachen, weil ich mir Deine kleinen Mädchenbrüste vorstelle. Du bist eine komische Person, Nora! Vergiß nicht, Du bist jetzt vierundzwanzig, und Dein ältestes Kind ist vier. Verdammt Nora, Du mußt versuchen, Deiner Stellung gerecht zu werden, und aufhören, das kleine neugierige Mädchen aus Galway zu sein, das Du bist, und eine ganze glückliche liebende Frau werden. (...) La nostra bella Trieste! Oft habe ich das ärgerlich gesagt, aber heute abend meine ich es ehrlich. Ich sehne mich danach, die Lichter entlang der riva glitzern zu sehen, wenn der Zug an Miramar vorbeifährt. Schließlich ist es die Stadt, Nora, die uns Zuflucht gewährt hat. Nach meinem verrückten Abenteuer in Rom bin ich zerschunden und ohne Geld in sie zurückgekehrt, und jetzt wieder nach dieser Reise.«

Kaum ein Jahr nachdem James Joyce diesen Brief am 7. September 1909 von einer Reise nach Dublin schrieb, zog die von Geldsorgen geplagte Familie in die mittlerweile siebte Wohnung, die sie im sechsten Jahr in Triest bezog. Der Hauseigentümer war ein Apotheker, der sie zwei Jahre später hinauswarf. Noch immer befindet sich eine Apotheke dort im Erdgeschoß in der Via Oriani 2 beim Largo Barriera Vecchia. Und schräg gegenüber liegt die ›Pasticceria Caffè Pirona‹, die der Autor regelmäßig aufsuchte, um sich über die typischen Triestiner Dolci herzumachen, zu denen er sich trotz andauernd leerer Taschen ein Glas süßen Wein gönnte. ›Pirona‹ ist eine Institution. Ein wundervoller kleiner Laden, dessen Jugendstileinrichtung die letzten hundert Jahre un-

PASTICCERIA PIRONA CAFFE'
TELEFONO N° 2146
CAFFE PASTICCERIA
CAFFE PASTICCERIA

beschadet überstanden hat und in dem noch heute klassische Triestiner Torten und Gebäck produziert werden. An der Wand hängt unter dem Foto des jungen Dichters eine Urkunde, die verkündet, daß die beste heiße Schokolade Italiens hier zu kosten ist. Ob Nora Barnacle in diesem Lokal die Kalorien zu sich nahm, die sie nach James' Wunsch fülliger machen sollten? Joyce selbst pilgerte von der Wohnung gegenüber wohl nicht immer direkt zu ›Pirona‹, wo sogar die Backzeiten öffentlich ausgerufen wurden, sondern machte zuvor einen kleinen Abstecher in eine Seitenstraße, wo der ›Goldene Schlüssel‹ stand – eines der vielen Bordelle, das er genüßlich einen »Ort der öffentlichen Unsicherheit« nannte.

Endete nicht der bereits im ersten Kapitel zitierte Brief des jungen Dichters damit, daß er das Festmahl bei seiner Rückkehr nach Triest mit »torroni, Tee und Presnitz« beschließen wollte? Bei ›Pirona‹ gibt es sie in ihrer besten Form. Ein Artikel der Fachzeitschrift »Pasticceria internazionale« bescheinigt der Konditorei: »Mandelgebäck und Marzipan, sagt man, seien hier die besten ganz Norditaliens.« Konditor Alberto Pirona hatte diese Institution 1900 eröffnet, heute wird das Café von den Geschwistern Sergio und Cristina De Marchi geführt, die die Tradition sehr bewußt beibehalten und nicht im Traum daran denken, etwas zu verändern. Der quadratische Verkaufsraum wird von einem eleganten Tresen aus Nußholz mit edlen Intarsienarbeiten dominiert, unter dessen Glasscheiben sich die Süßigkeiten dem Kunden darbieten. Man muß nicht hetzen, solange es nicht Sonntagmorgen ist und die Kunden Schlange stehen. Auf einer Seite der Theke wird der Espresso mit dem gewünschten Gebäck serviert, während auf der anderen der Verkauf stattfindet.

Auch der Presnitz, eines der typischsten Gebäcke Triests, liegt frisch bereit und wird das ganze Jahr über gekauft, obwohl er ursprünglich zu Ostern zubereitet wurde. »Noch ein Nachtisch deutschen Ursprungs. Wie gut er ist! Ich habe einen aus der besten Triestiner Konditorei gesehen, probiert, und er schmeckte mir. Ich habe nach dem Rezept gefragt. Es gelang mir aufs beste. Während ich es beschreibe, bin ich voll des Dankes gegenüber dem, der mir diesen freundlichen Gefallen getan hat.« Pellegrino Artusi beschrieb 1891 diese Nachspeise in seinem Standardwerk der italienischen Küche *La scienza in cucina e l'arte di mangiar bene*, das heute nur noch »L'Artusi« genannt wird. Doch ist dieses Gebäck wirklich deutschen Ursprungs, wie der Meister schrieb? Legenden um seine Herkunft gibt es viele. So soll seine Form an die Dornenkrone auf dem Haupt Christi erinnern, doch eine alte Quelle besagt auch, daß dieser Kuchen eine Erfindung des Teufels sei, um Köchinnen und Genießer mit dieser Sünde auf der Zunge den Verstand verlieren zu lassen.

Romantiker leiten seinen Namen von einem Besuch der Kaiserin Sisi in Triest ab, zu dem angeblich ein Wettbewerb unter den städtischen Feinbäckern um den besten Kuchen ausgetragen wurde. Der Presnitz soll gewonnen haben und sein Name eine dialektale, wenn auch kaum nachvollziehbare Verunstaltung von »Preis Prinzessin« sein. Doch niemand hat bisher das zugehörige Dokument oder irgendwelche Aufzeichnungen vorgelegt. Andere sehen seinen Ursprung im Dialekt des slowenisch bevölkerten Karsts. Es lassen sich weitere Spekulationen anfügen: Gab es in Triest etwa Einwanderer aus dem kleinen Dorf gleichen Namens auf der Ostseeinsel Rügen, das Anfang des 14. Jahrhunderts noch slawisch »Presnicze« hieß? Vielleicht lohnt es sich, in die Archive zu steigen und die alten Meldebücher und Kirchenregister zu wälzen? Oder hilft ein Rückblick in alte Backstubengeheimnisse? Honig war die einzige Süße, über die die Europäer bis ins Mittelalter verfügten, obgleich der Zucker in Asien längst bekannt war und schon von Alexander dem Großen von seinem Feldzug nach Indien mitgebracht worden war. Im 12. Jahrhundert bauten die Araber Zuckerrohr in Sizilien an. Doch erst mit Kolumbus gelangte es auf die zentralamerikanischen Inseln und wurde schließlich reimportiert. Die beiden ersten Zentren für den Handel mit dem asiatischen Zucker aber wurden Marseille und Venedig, in dem sich bereits um 1150 mehrere Zuckerbäcker etablierten, während in Frankreich sich der Berufsstand des Patissier erst im 13. Jahrhundert bildete. Von den beiden Häfen wurde das rare Gut, eigentlich ein Suchtstoff ohne Nährwert, der anfangs nur von Apothekern gehandelt wurde, auf den klassischen Handelsstraßen nach Norden umgeschlagen, und in Deutschland entstand das Handwerk der Pfefferküchner. Nürnberg und Pulsnitz wurden zu ihrem Zentrum. Das sächsische Städtchen lag auf dem direkten Weg zwischen den deutschen Hansestädten und Triest, in das Töpferwaren für den Alltagsgebrauch aus Pulsnitz verkauft wurden. Könnte da denn nicht...? Preis Prinzessin, Pulsnitz, Presnitz – das Gebäck kann so unterschiedlich schmecken wie die Deutungsversuche seiner Herkunft.

Presnitz bianco

Weißer Presnitz

Zutaten:

500 g Blätterteig (kann man bereits fertig kaufen)

Für die Füllung:

1 Tasse Weißwein
110 g Zucker
½ Tasse Rum
40 g Walnußkerne
100 g Mandelkerne

80 g Rosinen
40 g Pinienkerne
20 g kandierte Orangen
50 g zerbröselte Kekse
etwas abgeriebene Zitronenschale
2 Eigelb oder zerlassene Butter zum Bestreichen

Den Wein mit dem Zucker zum Kochen bringen, vom Herd nehmen und die anderen Zutaten zugeben (die Rosinen zuerst). Alles zu einer homogenen Masse verarbeiten.

Den Blätterteig hauchdünn ausrollen, die Füllung zu einer dünnen Wurst formen und mit dem Teig umhüllen, an den Enden verschließen, zu einer Spirale formen und in eine runde Backform geben. Die Oberfläche mit der zerlassenen Butter oder dem Eigelb bestreichen und 40 Minuten im auf 180 °C vorgeheizten Backofen backen.

Immer diese Frauen! Ob Nora Barnacle nun heiße Schokolade trinken sollte oder Sisi angeblich dem Presnitz zu seinem Namen verhalf – in Triest gibt es noch mehr dieser Beispiele: ›La Bomboniera‹ in der Via XXX Ottobre wurde 1875 von ungarischen Juden gegründet und bietet noch heute, obwohl längst nicht mehr in der Hand der Gründerfamilie, feinste madjarische Spezialitäten wie die »Dobos-Torte« oder »Rigójancsi«, ein Schokoladentörtchen, das aufgrund einer skandalumwitterten Liebesgeschichte kreiert wurde: Zum Ende des 19. Jahrhunderts heiratete die hübsche und begüterte Amerikanerin Klara Ward den ältlichen belgischen Prinzen Joséph de Chimay et de Carvan. Während der Hochzeitsreise nach Budapest verliebte sich die junge Amerikanerin in den aufspielenden Zigeuner-Primas Rigó Jancsi und verließ seinetwegen augenblicklich ihren Mann. Konditormeister Gérbeaud in Budapest komponierte darauf den Schokoladenwürfel als Hommage an die wahre Liebe. Ungarische Auswanderer brachten Rigójancsi schließlich nach Triest, wo es in den einschlägigen Feinbäckereien genauso zu finden ist wie auf der Speisekarte guter Restaurants.

Rigójancsi

Zutaten für 8 Personen:
Für den Sandteig:
100 g weiche Butter
30 g Zucker
4 Eier
80 g Mehl
20 g Kakaopulver
5 g Mehl zum Bestreuen

Für die Creme:
1 l frische Sahne
150 g Zucker
200 g Bitterschokolade (70 % Kakaoanteil)

Für die Glasur:
30 g Aprikosenkonfitüre
150 g Bitterschokolade

Die Eier trennen. Die Butter mit dem Eigelb verrühren. Das Eiweiß mit dem Zucker zu festem Schnee schlagen und zugeben, Mehl und Kakao unterheben. Den Teig in einer mit Backpapier ausgelegten, viereckigen Form 1,5 cm dick ausstreichen und im auf 180 °C vorgeheizten Backofen 20 Minuten backen. Herausnehmen und mit Mehl bestreuen, aus der Form stürzen und abkühlen lassen.

Die Sahne mit dem Zucker und der Schokolade aufkochen, abkühlen lassen und zu einer Creme aufschlagen.

Den Sandkuchen quer in zwei gleich dicke Hälften schneiden und eine davon dünn mit der Aprikosenkonfitüre bestreichen, dann mit der Glasur aus Bitterschokolade übergießen, die zuvor in einem kleinen Topf mit etwas Wasser zerlassen wurde. Die andere Hälfte, den unteren Teil, mit der Creme bestreichen. Den mit Schokoglasur überzogenen Teigboden auf den unteren Boden setzen und kühl stellen. Zum Servieren mit einem vorher in heißes Wasser getauchten Messer aufschneiden.

Ohne die große jüdische Gemeinde wäre die Entwicklung Triests zu einem europäisch bedeutenden Zentrum undenkbar gewesen. Ihr verdankt diese Stadt die Gründung großer Unternehmen, die noch heute internationale Bedeutung haben, wie die Generali-Versicherung oder die Likörfirma Stock. Zu Purim, dem jüdischen Karneval, wurde ein spezielles Konfekt gereicht, das Triestiner Ursprungs ist. Das folgende Rezept für »I Montini dei Levi« entdeckten wir im Dialekt gereimt von Fulvia Levi. Es trägt den Titel »I Dolci di Purim«. Ein paar Zeilen nur seien hier zitiert:

Pe'l bianco usa el ›maraschino slavo‹
(e anche el nostro Rebe dirà: ›Bravo‹)
se rosa ti vol l'altro color,
meti del whisky per cambiar savor.
Sciogli la polvereta che gà Toso
senza paura – no' vojo esser noioso –
ma la usemo sempre tuti noi judim
anche per far i dolci de Purim.

Ein Teig aus Mandeln und karamelisiertem Zucker. In drei verschiedenen Farben sollte das Konfekt hergestellt werden.

Für die Weißen verwendete man Vanille und »slawischen Maraschino«, vermutlich den von Luxardo aus dem dalmatischen Zara. Wie es in dem Gedicht heißt, war auch der Rabbi damit einverstanden. Rosa wurden sie dank des Pulvers der Drogerie ›Toso‹, einem Farbstoff, den man getrost verwenden sollte. Und für die Braunen, die einen anderen Geschmack haben sollten, gab man Whisky zu. »Das tun wir Juden immer rin, ins Dolce zu Purim«.

Nur ein kleiner Schritt scheint es von den Montini dei Levi zu den Fave triestine zu sein, die gar nicht so typisch für die Stadt sind, wie Lokalpatrioten gerne behaupten. Es ist auch eine in anderen Landstrichen des Landes verbreitete Süßigkeit, die in der Volkstradition an Allerseelen gebunden ist, den Tag, an dem man der Toten gedenkt. Vorläufer dieser Tradition finden sich bei Kelten, Römern und sogar Azteken. Und Fave dei Morti heißt in vielen Regionen Italiens das Konfekt aus Mandeln, Zucker und Aromastoffen wie Rosenwasser, Vanille und Kakao. Man hat es den Kindern geschenkt, vielleicht um ihnen die Tradition des Totengedenktags schmackhaft zu machen, vielleicht auch um sie zu trösten. Fave triestine heißt es in der seit jeher laizistischen Stadt Triest, die zwar auf den Glauben verzichtete, nicht aber auf die Süßigkeit.

Angeblich war es die Schuld eines erfindungsreichen Feinbäckers der dem »Trieste bene«, der Bourgeoisie, die Tradition austrieb, die Pinza zu Hause zu backen. Auch in der Pasticceria ›Penso Narciso‹ in der Via Diaz, unweit vom letzten Domizil der Familie Joyce in dieser Stadt, drängt sich am Sonntagmorgen die Kundschaft. Sachertorten jeder Größe, deren Aufschrift aus Zuckerguß man kurzfristig bestimmen kann, Presnitz, Pinza und Putiza werden zuhauf hinausgetragen. Ein längst vergriffenes Buch mit dem Titel *Vecchia*

Trieste behauptet, daß ein Konditormeister Ende des 19. Jahrhunderts eine Anzeige in der Tageszeitung aufgegeben habe, in der er ankündigte, daß in jeder hundertsten Pinza, die seinen Laden verließ, eine Goldzechine eingebacken war: eine Art gastronomischer Lotterie. Lange Schlangen bildeten sich plötzlich vor dem Geschäft, und eine Tradition ging verloren mit der Entdeckung, daß es zwar teurer ist, das Gebäck zu kaufen, aber auch bequemer, als es selbst zu backen.

Vor allem zu Ostern wurde die Pinza zubereitet, und es war eine Herausforderung für die »Madamigelle«, die Madämchen, damit ihre Fertigkeiten unter Beweis zu stellen. Jede Familie hatte ihr eigenes Rezept, das wie ein Geheimnis gehütet wurde, und wie es heißt, wurden sogar geplante Eheschließungen wegen einer mißglückten Pinza annulliert, weil die wertvollen Zutaten verschwendet wurden. Die Reputation der familiären Kochkünste hing von einer gelungenen Pinza ab, und die Karwoche über waren die Fräuleinchen mit der Zubereitung beschäftigt. Und wenn der Teig endlich aufgegangen war, drohte neue Gefahr. Bevor die Bürgerwohnungen in ihren Küchen über geeignete Backstellen verfügten, brachten die jungen Damen die Pinza zum Bäcker und waren besorgt, daß sie beim Backen mit einer anderen verwechselt werden könnte, daß der Ofen zu heiß oder das Gebäck zu lange oder zu kurz drin war. Manches Fräulein verzierte den Teig kunstvoll mit Rosinen, damit die Pinza nicht verwechselt werden konnte, die andere ritzte die Hausnummer ein, eine dritte heftete ein Zettelchen daran. Groß war die Tragödie, wenn statt einer prächtigen, glänzenden, wohlriechenden Pinza ein zusammengefallenes Häuflein aus dem Ofen kam. Doch gelang sie gut, dann kommentierte auch dies die stets geschwätzige Nachbarschaft. Zu Ostern auf diesen Hefekuchen zu verzichten wäre für alte Triestiner Familien eine Schande gewesen.

Natürlich finden sich auch die italienische Crème Caramel und das Tiramisù auf der Dessertkarte der Restaurants, doch in Triest gibt es auch »Palatschinke«. Das Wort wurde in den Dialekt übernommen und kennt kein Plural-n am Ende; aber auch den Singular, der theoretisch »Palatschinka« heißen müßte, gibt es nicht. Dafür aber den Strudel di mele, der auch Struccolo heißen kann: Apfelstrudel, oder im Frühsommer der Strudel di ciliege, mit Kirschen.

Gelato di »Zuf« con caramello alle olive nere

Grießeis an einer Sauce aus karamelisierten Oliven

Zutaten für 8 Personen:

Für das Eis:
1 l frische Sahne
200 g Zucker
70 g Weizengrieß
Salz
100 g weiße Schokolade

Für die Sauce:

200 g entkernte schwarze Oliven
100 g Zucker
100 g ganze Mandeln, in Olivenöl fritiert und in Rohrzucker getrocknet

Die Sahne mit dem Zucker, Grieß und einer Prise Salz 10 Minuten kochen, vom Herd nehmen, stückchenweise die weiße Schokolade zugeben und gut vermischen. In die Eismaschine oder ins Gefrierfach geben. Die Oliven bei 100 °C im Backofen trocknen, bis sie knusprig werden. Im Mixer zerkleinern. Bei kleiner Flamme den Zukker hell karamelisieren, die Oliven zugeben und mischen. Je zwei

Eiskugeln auf einen tiefen Teller geben und mit den karamelisierten Oliven und den fritierten Mandeln garnieren.

Die Vielfalt des Schleckwerks ist enorm. Vergessen Sie Ihren Diätplan, wenn Sie nach Triest kommen, denn es ist eine vernaschte Stadt. Fahren Sie nach Bagnoli und besuchen Sie die ›Pasticceria Ota‹. Oder nehmen Sie die über hundert Jahre alte Tram, die sich an steilen Hängen hinauf nach Opicina windet, und lassen Sie sich bei ›Saint Honoré‹ verwöhnen. Und setzen Sie sich bei der Rückkehr nicht auf die Sachertorte für die Liebsten zu Hause.

Doch wie wäre es mit einem Sorbet, das die Welt des Mittelmeers mit einem Gewürz aus dem Fernen Osten vereint, ganz wie es sich für eine Hafenstadt gehört?

Sorbetto agli agrumi e zenzero fresco

Sorbet aus Zitrusfrüchten und frischem Ingwer

Zutaten für 6 Personen:
200 ml frisch gepreßter Orangensaft
100 ml frisch gepreßter Zitronensaft
80 g Zucker
Salz
7 g frisch geriebener Ingwer
100 g Banane

Den Saft der Zitrusfrüchte mit dem Zucker zum Kochen bringen, eine Prise Salz und den geriebenen Ingwer zugeben, vom Herd nehmen und mit der Banane im Mixer zu einer sämigen Masse rühren. Den Brei in den Tiefkühler oder die Eismaschine geben.

Vom Duft des Kaffees

CAFÉ TERGESTE

Café Tergeste, an deinen weißen Tischen
brabbelt der Säufer seinen Wahn;
und ich schreib darauf meine fröhlichsten Gedichte.

Café der Diebe, Unterschlupf der Nutten,
ich litt an deinen Tischen jede Qual,
ich litt sie, weil ich ein andrer werden wollte.

Ich dachte: Wie gut mag er mir taugen,
der Tod, das Nichts, das er verspricht,
wird's mich dafür entschädigen, gelebt zu haben?

Hochherzig mich zu nennen, wag ich nicht;
wenn aber Geborenwerden Schuld ist, wär ich zu
meinem Feind
und wenn er doppelt schuldig wär, barmherziger.

Kaschemme, wo einstens in die Hände schlug ich
mein Gesicht, mit Freude schau ich heut dich an:
Zu später Stunde, am Billard,

versöhnst du Italiener und Slowenen.

Umberto Saba

Auch unser Freund Marco hatte es schon bemerkt. In seiner Obhut befindet sich das Gerichtsarchiv mit den vielen hunderttausend Akten, die fast alle Geheimnisse Triests enthalten. Er hat einen Blick für das Besondere: An einer Kreuzung ganz in der Nähe des Justizpalasts befindet sich eine hochfrequentierte Bar, in der morgens sechs Kellner hinter dem Tre-

BUCHE PERICOLOSE
USCITA DI EMERGENZA
VIETATO
L L
ANTWERP
100/11/144
202957
202956
WALLENFORD
JAMAICA
COFFEE

sen alle Hände voll zu tun haben, wenn die einen die erste Büropause einlegen, die anderen etwas später zur Arbeit kommen, und alle sich dort treffen, um einen schnellen Kaffee zu sich zu nehmen und sogleich wieder hinauszueilen. Die Kellner sind im Einheitslook gestylt. Schrille, schräggestreifte Hemden tragen sie, und wie die Papageien begrüßen sie auch jeden neuen Gast mit einem freundlichen »Buongiorno«. Sechs »Buongiornos« erklingen dann schlagartig hintereinander. Als gäbe es eine feste Regel, beginnt die Gruß-orgie links am Tresen und pflanzt sich dann von einem zum anderen fort. Dabei blicken die Männer keine Sekunde von der Arbeit auf, klappern unablässig weiter mit dem Geschirr, rufen sich die Bestellungen wie Maschinengewehrsalven zu, stellen einen Kaffee nach dem anderen auf den Tresen und scheinen dabei stets alles unter Kontrolle zu haben. Bis auf die Sache mit dem Gruß. Um den ersten Dominostein anzutippen, genügt es, daß der eintretende Gast grüßt oder, wenn er maulfaul ist, ein Windstoß durch die offene Tür fegt. Dann beginnt der erste, und ein blindes »Buongiorno« schließt sich an das andere an.

Wir haben es ausprobiert, indem wir an einem Tag den Espresso nicht am Tresen tranken und den Herren halb den Rücken zukehrten. Hier und da, immer dann, wenn niemand eintrat, ließen wir abwechselnd ein deutlich hörbares »Buongiorno« in die Unterhaltung einfließen, und es klappte fabelhaft, das Grußfließband rollte los, bis uns langweilig wurde. Doch dann erzählte unser Freund Marco, der jeden Morgen dort zur selben Zeit seinen Espresso trinkt, bevor er sich auf den Weg ins Gericht macht, daß wir die Sache dringend überprüfen müßten, denn er hatte festgestellt, daß die Herren manchmal auch ganz von allein mit der »Buongiorno-Orgie« anfingen, selbst wenn die Tür verschlossen blieb und niemand anderes sie stimulierte. Als wollten sie den Rhythmus nicht verlieren, fing immer wieder ein anderer mit ausdruckslosem Gesicht damit an. War etwa Verrat im Spiel? Unbedingt müßten wir studieren, ob wirklich unsere Rufe die Ursache waren oder ein für uns undurchdringbares System dafür sorgte. War es vielleicht ein stoischer Ablauf, der sich dreihundertfünfundsechzigmal im Jahr wiederholte, ohne daß es jemand bemerkte? So wie die Herren stets die gleichen frisch gebügelten Hemden tragen mit dem psychedelisch-konstruktivistischen Muster, das dem Gast, der länger verweilt, garantiert Kopfschmerzen bereitet? Es war während der Monate, in der zwei ungeklärte Mordfälle der Nachkriegszeit erhebliche Recherchen im Gerichtsarchiv verlangten und sich somit die Gelegenheit bot, die Erforschung des morgendlichen Grußes in der Bar um die Ecke abzuschließen. Immer wieder probierten wir es aus, nie hatten wir das Gefühl, daß unsere fingierten Rufe als solche entlarvt und daher unbeantwortet blieben. Mit der Zeit weihten wir andere ein, und der Effekt war bemerkenswert. Bald waren es nicht mehr nur die Kellner, die ohne Anlaß immer wieder ein freundliches »Buongiorno« in den Raum warfen, sondern immer mehr Gäste. Es gab anhaltende Augenblicke, während deren der ganze Raum »Buongiorno« zu rufen schien, Kellner, Gäste, Tassen und Löffelchen, Kaffeemühle und -maschine, die frischen Brioches in der Glasvitrine, und selbst die Zuckerschalen auf dem langen Tresen schienen in das Rufen einzustimmen.

In Triest trinkt man den Kaffee zwischendurch, in Eile. Man tritt ein, ruft schon auf dem Weg zum Tresen, gleich nach dem Gruß, die Bestellung hinüber, hält bereits die Münzen in der Hand, und während man sich ihrer entledigt, rührt man auch schon den Zucker in der Tasse um, stürzt den Kaffee hinunter, arrivederci, basta, fertig. Das »Buongiorno«-Spiel der Eingeweihten aber verzögerte den gewohnten

Ablauf um wenige Sekunden, die sich immer weiter multiplizierten und schließlich zu einem kleinen Stau führten. Tagelang flüsterten wir uns grinsend die neuesten Beobachtungen zu und blockierten für einen kurzen Augenblick den Tresen.

Es war drei Tage vor Weihnachten, als alles kippte. Hatte uns jemand verraten? Als wir ein fröhliches »Buongiorno, due caffè per piacere« in den Raum riefen, blieb das sechsfache Echo aus, und es dauerte einen Moment, bis wir verstanden. »Auguri« rief der Kellner links, wenn ein Gast die Bar verließ. Fünf weitere »Auguri« folgten, die Wünsche zum frohen Fest. Die Tassen in Händen, zogen wir uns mißtrauisch vom Tresen zurück und probierten es ein paarmal mit dem üblichen »Buongiorno«, doch gegen die »Auguri«-Rufe gab es kein Durchkommen. »Auguri« also. Das Echo stellte sich wieder schlagartig ein. Es dauerte, bis die Eingeweihten informiert waren, daß von jetzt bis zum 6. Januar, der »Befana«, die Strategie umgestellt werden mußte. Dann aber, für den Rest des neuen Jahres, bliebe alles garantiert wieder beim alten.

Wer in Triest Kaffee bestellt, sollte zuvor das spezielle Vokabular erlernen, denn wieder einmal ist alles anders als im Rest des Landes. Es ist sinnlos, ein Schema zu entwerfen, denn die Unterscheidungen sind zu groß. Zuerst einmal steht auf dem Tresen einer guten Bar neben der Zuckerschale ein Kännchen mit kalter Milch, was jeden Neapolitaner befremden würde. Zum zweiten gilt die Regel, daß, je weiter die Gäste vom Zentrum entfernt wohnen, die Wahrscheinlichkeit wächst, daß sie ihren Kaffee im Glas anstatt in einer Tasse bestellen. Manch Kellnerpsychologe ist davon überzeugt, daß einige Gäste glauben, im Glas sei mehr drin, was natürlich ein Irrtum ist. Oder sie glauben, daß man sich die Hände besser an einem Glas als einer Tasse wärmen könne. Ferner ist ein Cappuccino in Triest das, was in Italien ein Macchiato ist, also ein Cappuccino in einer kleinen Tasse, den Macchiato nennt man in Triest aber Capo, sofern man ihn in einer Tasse serviert bekommen will, Capo in bi sagt, wer ihn im Glas haben möchte, und kommt somit aus einem Vorort oder gehört zu einer proletarischen Klasse im Zentrum. Wer einen italienischen Cappuccino möchte, muß einen Caffelatte bestellen, dessen landesübliche Form in Triest wiederum Latte macchiato heißt. Doch dann gibt es unzählige Varianten, raffinierte Formen, die den pfiffigsten *barista* an den Rand des Nervenzusammenbruchs zu treiben vermögen, und in manchen Fällen sind es nur die Genialsten unter ihnen, die den Wunsch des Gastes richtig deuten können. Ganz besonders Schlaue bestellen zum Beispiel einen »Capo caldissimo«, also sehr heiß, und gießen dreimal Milch aus dem Kännchen auf dem Tresen nach: Bezahl einen, trink drei. Der Gocciato ist eigentlich ein Macchiato, mit nur wenigen Tropfen leicht aufgeschäumter Milch genau in der Mitte der Tasse. Mancher Gast aber fühlt sich erst richtig »in«, wenn er eine besondere Bestellung aufgibt, von der er glaubt, sie mache ihn interessanter: »Un capo in bi chiaro e con le bollicine ne troppo grosse ne troppo piccole« – ein Macchiato im Glas also, aber hell, mit nicht zu großen und nicht zu kleinen Schaumblasen. Bitte, was heißt hell? Mehr Milch oder weniger Kaffee? Ein jüngerer Mann mit orangefarbener Designersonnenbrille bestellte »un marroc chino d'orzo scurissimo senza con acqua calda bollente aparte, dietor e canna« und verzog keine Miene, als der *barista* die Augen verdrehte und vermutlich kurz daran dachte, den Gast hinauszuwerfen. Der Wichtigtuer wollte einen Macchiato aus Gerstenkaffee, und zwar ganz dunkel und die Milch ohne Schaum, sowie kochendes Wasser im Kännchen dazu und sowohl Süßstoff wie auch Rohrzucker. Wollte er sich vielleicht die Hände am Glas wärmen oder den Kaffee bis zum Sankt-Nimmerleins-Tag verlängern und, den Kopf in die Hände gestützt, am Tresen darüber nachdenken, was er doch für ein toller Kerl war?

Es ließen sich noch unzählige weitere Beispiele aufzählen. Mit einem Profi-Barista haben wir versucht, die möglichen Kombinationen zu errechnen, und haben bei 5184 Varianten aufgegeben. Der Profi überschlug dann die reelle Anzahl, erschrak selbst: Er kam auf über fünfzig Kaffeespezialitäten, die in seiner Bar, mit einer durchschnittlichen Zahl Profilneurotikern als Kunden, täglich geordert werden. Doch woher kommen diese Bezeichnungen, die sich vom Rest des Landes so sehr unterscheiden? Liegt es daran, daß Triest die italienische Kaffeehauptstadt ist? Oder daran, daß, wie Lokalpatrioten verächtlich behaupten, nur die hiesigen Bezeichnungen die echten seien und im übrigen Italien habe man wieder einmal nichts verstanden?

Caffè aromatizzato freddo

Aromatisierter kalter Kaffee

2 Eiswürfel, 4 Tassen Espresso, 1 frisches Salbeiblatt in den Mixer geben. Alles gut vermischen. Soviel Zucker wie gewünscht unterrühren. Statt Salbei eignet sich auch ein Teelöffel gemahlener Kardamom.

War das Linsengericht, die »rote Speise«, für die Esau im Alten Testament sein Erstgeburtsrecht an seinen Bruder Jakob verkaufte, in Wirklichkeit Kaffee, wie kühne Deuter vermuten? Hat schon Homer sich mit dem Aufputschmittel wach gehalten, während er die Odyssee verfaßte? Stimmt die Geschichte des Jemeniten, der im 15. Jahrhundert an Ziegen, die Beeren von einem Strauch gefressen hatten, eine außergewöhnliche Unruhe feststellte und das Zeug ins Feuer warf, worauf sich ein angenehmer Geruch verbreitete? Die Araber kannten das Getränk angeblich schon vor tausend Jahren. Für uns soll alles damit begonnen haben, daß die Türken bei ihrem Rückzug von der Belagerung Wiens ein paar Säcke der gerösteten Bohnen dort vergaßen, was schließlich jedem passieren kann, der eilig aufbricht. Die Kirche verdammte es als »Teufelsgetränk«, doch Papst Clemens VIII. segnete schließlich seinen Gebrauch, und König Gustav III. von Schweden war es endlich, der die größte Werbung dafür machte, indem er die Hinrichtung eines Verbrechers durch eine tägliche Dosis Kaffee befahl. Der Verurteilte wurde über achtzig Jahre alt. Wir wissen nicht, ob dies den Ausschlag dafür gab, daß die skandinavischen Länder den höchsten Kaffeekonsum pro Kopf in Europa verzeichnen, vor der Schweiz, Deutschland und Frankreich. Eine Freundin aus Bullerbü ist allerdings davon überzeugt, daß die Schweden nur deshalb soviel Kaffee konsumieren, weil in den vielen Kriminalromanen des Landes die Protagonisten stets einen Kaffeebecher in der Hand haben.

Italien liegt im oberen Mittelfeld, doch die Kaffeekultur in diesem Land unterscheidet sich dank des Espresso, einer Erfindung des 20. Jahrhunderts, deutlich von anderen Ländern. Jährlich werden fünf Kilogramm pro Kopf verbraucht, in Triest ist es allerdings fast das Doppelte, und pro Kopf und Jahr werden hier fast fünfzehnhundert Tassen konsumiert. Vor kurzem stellte das englische Wirtschaftsmagazin »The Economist« fest, daß der beste Espresso Italiens in Triest zu finden sei. Das Resultat wurde insbesonders in Neapel und Umgebung heftig diskutiert. Aber war das auch der Grund für eine Notiz aus einem kürzlich veröffentlichten Polizeibericht? Sechs Personen wurden nach einer Verfolgungsjagd durch halb Italien im neapolitanischen Hinterland festgenommen sowie ein BMW und ein Audi beschlagnahmt, die die Eskorte für den LKW bildeten, der im Hafen von Triest gestohlen worden war. Die Ladung bestand weder aus Waffen noch harten Drogen, sondern aus dreihundert Säcken Kaffee, achtzehn Tonnen schwer. Der kostenbewußte siebzigjährige Drahtzieher der Geschichte hatte soeben eine eigene Rösterei eröffnet und seine beiden Söhne losgeschickt, das Rohmaterial zu besorgen.

Muttersprache Deutsch. Einhundertfünfzig Tage im Jahr verbringt der polyglotte Achtzigjährige im Ausland. Ernesto Illy ist ein eleganter Mann von außergewöhnlichem Charme. Er ist Aufsichtsratsvorsitzender der Firma, die er von seinem Vater übernommen hatte und die heute von seinen Kindern weitergeführt wird. Als Sohn eines ungarischen Einwanderers, der zuvor in Wien tätig gewesen war, spricht Ernesto Illy neben seiner Muttersprache Deutsch auch fließend Italienisch, Englisch, Französisch, Spanisch und Portugiesisch. Auf seinem Computer erklärt er uns die Schaubilder der biochemischen Zusammensetzungen bestimmter Kaffeebohnen, die in einem englischen nukleartechnischen Labor in seinem Auftrag erstellt wurden. Der studierte Chemiker ist ein Vollblutunternehmer, wie er im Buche steht, und die Frage, wem seine Leidenschaft gilt, dem Kaffee oder dem Unternehmergeist, beantwortet er klar: »Den Kaffee hatte ich sozusagen im Blut. Von Anfang an, nachdem ich die Firma von meinem Vater übernommen hatte, wollte ich, daß das Unternehmen auf möglichst vielen Märkten der Welt zu Hause ist. Expansion ist nur möglich, wenn man eine unverwechselbare Qualität bietet. Meine ganze Aufmerksamkeit gilt der Tasse, ihrem Inhalt, ihrer Form und ihrem Verkauf.« 2005 hat die deutsche Stiftung Warentest den Espresso von Illy-Caffè als die Nummer 1 ausgezeichnet. Er blickt neidlos auf die Unternehmen, die höhere Marktanteile verzeichnen als Illy-Caffè, denn darum geht es ihm nicht. »Wir haben über die Jahrzehnte neue Verfahren entwickelt, um ständig die Qualität zu erhöhen. Es beginnt bei der Zusammenarbeit mit den Kaffeebauern, die wir auf eigene Initiative ständig weiterbilden und für deren Ware wir höhere Einkaufspreise bezahlen als die Konkurrenz. Es genügt nicht, Freundschaft zu schließen. Wir tragen Verantwortung. Nur wenn das Einkommen der Bauern stimmt, kann man Kinderarbeit oder auch Umweltschäden verhindern, und zugleich eine beständige Qualität erreichen.« Ein Familienbetrieb, dessen Kaffee in über hundert Ländern zu finden ist. Sie sind so etwas wie die Anti-Buddenbrooks, noch in der dritten Generation gibt es diese ungebrochene Lust, das Unternehmen weiter auszubauen, und im Familienverbund sind keine Verschleißerscheinungen aufgekommen. »Kids and pigs have the same habitude«, scherzt Ernesto Illy. »Sie kommen nur dann in den Stall zurück, wenn man sie laufen läßt. Ein guter Unternehmer weiß, daß er für die Firma arbeiten muß, und nicht die Firma für ihn.« Ein Blick ins Wirtschaftsleben der letzten Jahrzehnte genügt: Der Niedergang berühmter Marken begann immer dann, wenn dieses Prinzip gebrochen wurde. Nicht nur in Triest war das so. Ernesto Illy spricht von neuen Märkten, erzählt, daß in China die jungen Leute verstärkt Espresso und Cappuccino trinken, während die Älteren beim Tee geblieben sind. Könnte dies eine Chance für den Triestiner Hafen sein? Die Augen des Seniors funkeln bei dieser Frage. »Hier liegt vieles im argen. Es gibt eine Gruppe von Menschen, die mit aller Kraft verhindern wollen, daß sich etwas bewegt.« In der Tat ist auch das Primat des Kaffeehafens Triest als italienischer Hauptumschlagplatz schwer in

Bedrängnis geraten. Genua ist zu einem harten Konkurrenten geworden, allein schon weil es von dort nur ein Katzensprung nach Turin ist, zu Italiens größtem Hersteller, der einen Marktanteil von 42 Prozent hält. Triests Marktanteil würde noch stärker schrumpfen, wenn es neben Illy nicht noch andere Röstereien hier gäbe, Amigos, Hausbrandt, San Giusto, Cremcaffè und wie sie alle heißen, sowie spezialisierte Dienstleistungsbetriebe, die vom Import über Vorverarbeitungsstufen bis zum Weitertransport unersetzbar sind.

Polpettina di seppia con limone e curry

Frikadelle vom Tintenfisch mit Zitrone und Curry

Zutaten für 6 Personen:

400 g bereits gesäuberter Tintenfisch
abgeriebene Schale von 1 Zitrone
2 frische hartgekochte Eier
1 EL Curry
1 Tasse Espresso mit Zucker
Salz
Olivenöl extra vergine

Mit dem Messer den Tintenfisch und die Eier kleinhacken, die anderen Zutaten zugeben und gut vermischen. Kleine Frikadellen formen und im auf 140 °C vorgeheizten Backofen 5 Minuten kochen. Warm oder kalt auf einem Löffel servieren.

Scaloppe di scorfano o San Pietro all'arancio e zenzero fresco

Filet vom Drachenkopffisch oder Sankt Petersfisch
an Orangen und frischem Ingwer

Zutaten für 6 Personen:

6 Fischfilets à ca. 180 g
Olivenöl extra vergine
3 Knoblauchzehen
1 Zwiebel
1 Tasse Espresso
1 EL grobgemahlener Kardamom
Salz
1 Glas Weißwein
1 Glas Orangensaft
6 Orangenscheiben
60 g frisch geriebener Ingwer

Die Fischfilets in Öl wenden und in eine Form geben. Gleichmäßig den feingehackten Knoblauch und die feingehackte Zwiebel sowie die Mischung aus Kaffee und Kardamom darüber verteilen. Eine halbe Stunde im Kühlschrank marinieren lassen. Den Fisch aus der Form nehmen, Knoblauch und Zwiebel entfernen und den Fisch auf beiden Seiten in einer Pfanne braten. Die gebratenen Filets auf eine vorgewärmte Platte geben und salzen. Mit der Bratensauce, etwas Weißwein und ein wenig Orangensaft beträufeln. Mit den Orangenscheiben und dem geriebenen Ingwer garnieren.

Nach dem Fall Venedigs und der Verlagerung des Kaffeemarktes in die »neue« Stadt Triest hatte natürlich auch das Geschäft mit Kaffee wieder einmal mit Einwanderern begonnen. Diesmal waren es vorwiegend Schweizer aus dem Kanton Graubünden, die neben der Importtätigkeit auch Kaffeehäuser eröffneten. Doch die Behörden waren skeptisch und vergaben anfangs kaum Lizenzen. 1768 zählte Triest nur elf offiziell zugelassene Kaffeehäuser, während es in der im Niedergang begriffenen Serenissima zweihundertsechs registrierte Betriebe gab. Unvermeidbar, daß sich bei einer restriktiven Politik Alternativen fanden. Ambulante Kaffeeverkäufer tauchten auf, und »Caffeucoli«, schäbige Spelunken in dunklen Gassen, versorgten den Rest der Bevölkerung mehr oder weniger heimlich. Es dauerte, bis sich die Kaffeehäuser reich entfalteten und schließlich zum Treffpunkt von Händlern, Journalisten und Intellektuellen wurden. Ihre Namen waren Programm: Das ›Caffè Greco‹ war Treffpunkt von Kaufleuten der griechischen Gemeinde, die erheblichen Anteil am raschen Wachstum Triests hatte. Ein Napoleonfeind eröffnete dafür das ›Caffè all'Europa Felice‹, des glücklichen Europa. Es gab ein ›Caffè Tedesco‹ und ein ›Caffè della Pace‹, ›Alla Posta‹ ist so eindeutig wie ein ›Adriatico‹, zum Erbprinz ›Al Principe ereditario‹ oder das ›Imperiale‹. Sie sind alle verschwunden. Die Modernisierungen der Sechziger und Siebziger ersetzten alte, stilvoll eingerichtete Häuser, die sich genausogut auf einem Pariser Boulevard hätten finden lassen, durch den Einheitslook von Banken, Apotheken und Supermärkten. Den Namen nach gibt es noch einige, das ›Fabris‹, das heute eine Pizzeria beherbergt, oder das ›Caffè Stella Polare‹, dessen Einrichtung nichts von einstiger Größe mehr verrät. Auch ein paar alte Fotos an den Wänden können den früheren Glanz nicht mehr herbeirufen – und nichts erinnert an den Stammgast James Joyce, der dort seinem Privatschüler Roberto Prezioso, Vizechef des »Piccolo della Sera«, der ihn in vielen Dingen unterstützt hatte, die Freundschaft kündigte. Prezioso soll des öfteren Joyce' Lebensgefährtin Nora Barnacle in dessen Abwesenheit zu Hause aufgesucht und ihr galante Komplimente gemacht haben. Nora verschwieg sie James nicht, und das eine, »Il sole si è levato per lei«, Die Sonne ist für Sie aufgegangen, habe letztlich den eifersüchtigen Tobsuchtsanfall des Dubliner Latinlovers in Triest ausgelöst.

Auch das ›Caffè degli Specchi‹ auf der Piazza Unità, in privilegiertester Lage auf dem »Salon der Stadt«, wurde wiederholt zugrunde renoviert. Und blondierte, ebenfalls renovierte Triestinerinnen in teuren Pelzmänteln und winzigen Hündchen auf dem Schoß finden sich dort regelmäßig ein und beklagen, daß nichts mehr wie früher ist.

Für Casanova, der die beiden letzten Jahre seines Exils in Triest und Umgebung verbracht hatte, war es die gleiche Notwendigkeit, ins Kaffeehaus zu gehen, wie eine Geliebte zu haben. Von Stendhal stammt die Äußerung, daß er eher die Geliebte wechseln würde als sein Café. In der kurzen Zeit als französischer Konsul in Triest soll er Gast des ›Caffè Tommaseo‹ gewesen sein, das an den Rive liegt, zwischen der griechisch-orthodoxen Kirche San Nicolò und dem städtischen Opernhaus, dem Teatro Verdi. Das ›Tommaseo‹ ist das älteste noch erhaltene Café Triests. Es wurde am 24. August 1825 von dem Paduaner Gastwirt Tommaso Marcato gegründet, doch auch dieses Haus hat manche Renovierungsarbeiten der letzten fünfzig Jahre zu spüren bekommen. Das alte Mobiliar ist verschwunden und das neue, das einer Puppenstube entwendet scheint, will einfach nicht zum wundervoll erhaltenen Stuck an Wänden und Decken passen.

Ganz anders erging es dem ›Caffè Italia‹ an der Piazza Vico, gleich hinter dem Burghügel. Obwohl sich ganz in der Nähe die Scala Joyce, die Via Winckelmann und die Scala Stendhal befinden, hat es keine lange literarische Tradition, der man hinterherweinen könnte. Ein Vorraum mit der Bar und einer verspiegelten Seitenwand, einfaches Mobiliar, Pasticceria, Konditoreigebäck in einer Vitrine, ein Fernsehapparat hoch oben über dem verzinkten Tresen und zwei riesige Lautsprecherboxen. Ein Espresso im Stehen oder ein Glas Rotwein, manche setzen sich auch an die Tische draußen auf dem Gehweg vor dem Taxistand. Eine Treppe führt in einen langen Raum hinab, der eng mit grünbefilzten Tischen vollgestellt ist, an denen von morgens bis abends Karten gespielt wird. Das ›Caffè Italia‹ ist eine Institution für die Leute aus dem Viertel geblieben, und es ist zu hoffen, daß die Gerüchte über eine bevorstehende Neugestaltung nicht stimmen und ihm noch lange jeder Fortschritt erspart bleibt.

Erst vor kurzem eröffnete an der Piazza della Borsa das ›Urbanis‹ wieder. Bei der Renovierung wurden die alten Mosaike wieder freigelegt, und es fällt leicht, sich vorzustellen, was für ein prunkvoller Raum das einst gewesen ist. Doch auch am ›Torinese‹ am Corso Italia sollte man nicht einfach vorbeigehen. Seiner Lage verdankte es früher wie heute, daß viele Geschäftsleute dort haltmachen, dort vielleicht Dinge besprechen, die man besser außerhalb des Büros behandelt. Und an der Piazza della Borsa liegt das ›Tergesteo‹, inmitten der Galerie, die auf der anderen Seite zum Opernhaus hinausführt. Das Glas vor oder nach der Aufführung wird selbstverständlich hier genossen.

»Das San Marco ist eine Arche Noah, die für alle Platz hat, ohne Vorrang und ohne Ausschluß, für jedes Paar, das Zuflucht sucht, wenn es draußen schüttet, und auch für die Ungepaarten ...«, schreibt Claudio Magris in seinem eleganten Buch *Die Welt en gros und en détail*. »Es hat etwas für sich, unter den feixenden Masken und inmitten der Gleichgültigkeit der Leute um einen herum die Seiten zu füllen. Dieses freundliche Desinteresse korrigiert den im Schreiben verborgenen Allmachtswahn, der sich anmaßt, mit ein paar Blättern Papier Ordnung in die Welt bringen zu wollen und sich voller Gelehrsamkeit über Leben und Tod zu verbreiten. So fließt, gewollt oder ungewollt, eine durch Bescheidenheit und Ironie temperierte Tinte aus der Feder. Das Kaffeehaus ist ein Ort des Schreibens. Man ist allein, mit Papier und Feder und allenfalls zwei oder drei Büchern, an die Tischplatte geklammert wie ein von den Wellen gepeitschter Schiffbrüchiger. Wenige Zentimeter Holz trennen den Seemann vom Abgrund, der ihn verschlingen kann, es genügt ein kleines Leck, und die schwarzen Wassermassen dringen verderbenbringend ein, ziehen das Boot in die Tiefe. Die Feder ist eine Lanze, die verwundet und heilt; sie durchbohrt das treibende Boot und läßt es zum Spielball der Wellen werden, aber sie flickt es auch und macht es wieder fähig, sich zu behaupten und den Kurs zu halten.«

Gleich neben dem Eingang steht eine Staffelei mit einem Porträt des Autors, für den immer der letzte Tisch im vorderen Raum reserviert ist. Dieses 1914 eröffnete Kaffeehaus ist das einzige in der Stadt, das jegliche Modernisierungswut unbeschadet überstanden hat. Und wenn Magris in Triest weilt, dann sitzt er wirklich dort. Meist mit einem Stapel Papier vor sich, einem Stift in der Hand und einem Glas Bier, das der Kellner beizeiten durch ein neues ersetzt.

Doch Triests berühmtester lebender Autor ist so oft unterwegs, um hohe literarische Auszeichnungen entgegenzunehmen oder Vorträge in aller Welt zu halten, daß wir schon mehrmals die Frage von literarischen Voyeuren hörten, die vergeblich nach ihm Ausschau hielten, ob es ihn denn »wirklich gibt«. Der für ihn reservierte Tisch ist ein Monument. Niemand würde wagen, sich unaufgefordert daran zu setzen, selbst wenn Claudio Magris tagelang ausbleibt. Einmal nur, als bis auf diesen wirklich alle anderen Tische im Lokal belegt waren, schenkten wir leichtsinnigerweise den Worten des Wirts Glauben, daß der »Professore« nicht in der Stadt sei. Wir sollten ruhig mit den Verleger-Freunden aus Hamburg dort Platz nehmen, insistierte der Mann, der auch auf unseren Umsatz nicht verzichten wollte. Wir hatten bereits die Rechnung bestellt, als das Unglück passierte. Der »Professore« trat ein und navigierte wie gewohnt durch den langen Raum, schlängelte sich zwischen Tischen und Stühlen durch, als wären es Eisberge. Es fehlten ihm nur noch wenige Schritte, als er erstaunt bemerkte, daß sein Platz belegt war, während wir in Not um Ausreden rangen und uns schleunigst erhoben. »Das nennt man Dekonstruktion«, sagte er freundlich lachend und bat uns sitzen zu bleiben. Doch waren wir weit davon entfernt, das Angebot anzunehmen, wußten wir doch, daß er ein höflicher, charmanter Mensch ist. Mit schlechtem Gewissen und mehrfach die verlegenen Ausreden wiederholend, die er bestimmt nicht glaubte, eilten wir davon. Wie konnten wir nur so dämlich sein, seinen Schreibtisch zu belegen? Wir wollten ihm doch wirklich nicht diesen Ort streitig machen, den er so trefflich porträtierte: »Das San Marco ist ein richtiges Kaffeehaus, Peripherie der Geschichte, gekennzeichnet durch die bewahrende Treue und den liberalen Pluralismus seiner Besucher. Pseudokaffeehäuser sind jene, in denen sich eine einzige Sippe breitmacht, ganz gleich ob von ehrbaren Damen, vielversprechenden jungen Leuten, alternativen Gruppen oder über alles und jedes Bescheid wissenden Intellektuellen. (...)

Im San Marco triumphiert vital und blutvoll die Vielfalt. Alte Kapitäne von Überseedampfern, Studenten, die sich aufs Examen vorbereiten und amouröse Taktiken austüfteln, Schachspieler, unempfänglich gegen alles, was um sie herum geschieht, deutsche Touristen, neugierig gemacht durch die den kleinen und großen literarischen Berühmtheiten, die ehemals die Tische frequentierten, gewidmeten Plaketten, schweigsame Zeitungsleser, angeheiterte Gruppen, die sich dem bayerischen Bier oder dem Verduzzo hingeben, mürrische alte Leute, die über die Niedertracht der modernen Zeiten schimpfen, siebengescheite Demonstranten, unverstandene Genies, ein paar alberne Yuppies, Korken, die wie Ehrensalven knallen, vor allem wenn der Dr. Bradaschia – vom Gericht wegen Hochstapelei (darunter auch das unberechtigte Führen eines Doktortitels) entmündigt – den, der in seiner Nähe sitzt oder an ihm vorbeigeht, unbeirrt zum Trinken einlädt und dabei den Kellner in einem Ton, der keine Widerrede zuläßt, auffordert, es ihm auf die Rechnung zu setzen.«

Wir aber eilten mit erhöhtem Pulsschlag in die ›Gran Malabar‹ an der Piazza San Giovanni, um unsere Schande mit einigen Gläsern Weißwein abzuwaschen.

Veit Heinichen lebt und arbeitet seit vielen Jahren in der Stadt Triest, mit der er vor über einem Vierteljahrhundert zum ersten Mal in Berührung kam. Bisher hat er vier Romane um seinen Protagonisten Proteo Laurenti dort angesiedelt, die in zahlreiche Sprachen übersetzt, in In- und Ausland mehrfach mit Preisen ausgezeichnet wurden und zum Teil für die ARD verfilmt wurden. Daneben ist Veit Heinichen Verfasser kulturgeschichtlicher Beiträge, die diesen Schnittpunkt Europas beleuchten. Ferner ist er Fördermitglied des »Museo della Pesca del Litorale Triestino«, des sich im Aufbau befindlichen Fischereimuseums in Santa Croce di Trieste, und Gründungsmitglied der ersten grenzüberschreitenden Sektion der »Accademia della Cucina Italiana – Muggia & Koper«.

Ami Scabar »In Triest treffen viele Geschmacksrichtungen aufeinander: die Stadt und die mitteleuropäischen Einwirkungen, das Meer und die Aromen der mediterranen Welt, der Karst und die slawischen Einflüsse. All dies versuche ich in meinen Gerichten zu berücksichtigen. Düfte, Geschmäcke, Traditionen und Kreativität – damit Sie dank einer Küche, die sich im Einklang mit den Jahreszeiten befindet, dieses wundervolle Gebiet kennenlernen.«

Ami Scabar hat wie alle großen »Chèfs« eine vielseitige Biographie. Die weitgereiste Triestinerin diplomierte in Ökonomie und arbeitete viele Jahre in der Wirtschaft, bevor sie sich dazu entschied, sich ausschließlich ihrer wahren Leidenschaft zu widmen, der *Haute cuisine*. Ami Scabar führt ihr Restaurant, das sich seit über vierzig Jahren im Besitz der Familie befindet, zusammen mit ihrem Bruder Giorgio, Sommelier.

www.scabar.it

Fische und Meeresfrüchte im Golf von Triest

Italienisch	Triestinisch	Deutsch
Pesci	**Pese**	**Fische**
Acciuga	Sardon	Sardelle
Branzino	Branzin	Wolfsbarsch
Capone	Luzerna	Seeschwalbe
Cefalo	Zievolo	Meeräsche
Cernia	Cernia	Sägebarsch
Corvina	Corbel de saso	Seerabe
Dentice	Dental	Zahnbrasse
Ghiozzo	Guato	Meergrundel
Grongo	Grongo	Meeraal
Latterino	Giral	Ährenfisch
Leccia	Lisa	Gabelmakrele
Merlano	Molo	Mittelmeerdorsch
Mormora	Mormora	Marmorbrasse
Merluzzo	Merluz	Kabeljau
Nasello	Asinel	Seehecht
Occhiata	Ociada	Bandbrasse
Ombrina	Corbel	Schattenfisch
Orata	Orada	Goldbrasse
Pagello	Ribon	Rotbrasse
Pagro	Pagaro	Sackbrasse
Passera	Pasera	Scholle
Pesce spada	Pesespada	Schwertfisch
Rana pescatrice	Rospo	Seeteufel
Razza	Rasa	Rochen
Ricciola	Lisa bastarda	Grünzling
Rombo	Rombo	Steinbutt
Sarago	Sargo	Geißbrasse
Sarde	Sardella	Sardine
San Pietro	Sanpiero	Sankt Petersfisch
Scorfano	Scarpena	Drachenkopffisch
Sgombro	Scombro	Makrele
Sogliola	Sfoia	Seezunge
Spigola	Branzin	Wolfsbarsch

Spinarolo	Asiá	Dornhai
Tonnetto	Tonina	Kleiner Thunfisch
Tonno	Ton	Thunfisch
Triglia	Barbon	Meerbarbe
Crostacei		**Krustentiere**
Aragosta	Aragosta	Languste
Astice	Astise	Hummer
Canocchia	Canocia	Meeresheuschrecke
Gambero	Gambero	Garnele
Gambero della sabbia	Schila	Gemeine Garnele
Granzevola	Granzeola	Seespinne
Granchio	Granziporo	Taschenkrebs
Magnosa	Cicala di mare	Meeresheuschrecke
Scampo	Scampo	Langustine
Molluschi		**Muscheln & Weichtiere**
Arche di Noe	Musolo	Arche Noah
Calamaro	Calamaro	Kalmare
Canestrello	Canestrel	Kammuschel
Canolicchio	Capalonga	Gerade Meerscheide
Cappa Chione	Fasolar	Braune Venusmuschel
Capa santa	Capasanta	Jakobsmuschel
Cozze	Pedocio	Miesmuschel
Murice	Garusa	Purpurschnecke
Moscardino	Moscardin	Tintenfisch
Ostrica	Ostriga	Auster
Riccio marino	Rizo	Seeigel
Seppie	Sepa	Gemeiner Tintenfisch
Seppioline	Zotoli	Kleine Tintenfische
Piovra	Piovra	Krake
Polipo	Folpo	Polyp, Tintenfisch
Tartufo di mare	Dondoli	Warzige Venusmuschel
Vongola	Caparozolo	Venusmuschel

Rezepte

Register

In Klammern sind die slowenischen Ortsbezeichnungen auf italienischem Territorium verzeichnet sowie die italienischen auf slowenischem Territorium, die in diesem zweisprachigen Grenzgebiet Verwendung finden.

Quellenvermerk

James Joyce, »Oh, bin ich jetzt hungrig ...« und »Ich hoffe, Du trinkst jeden Tag ...«, in: *Werke Bd. 5, Briefe I*, © Suhrkamp Verlag, Frankfurt 1969

Umberto Saba, »Café Tergeste«, in: *Canzoniere*. Übersetzt von Gerhard Kofler, Christa Pock und Peter Rosei, © 1988 Arnoldo Mondadori Editore Spa, Milano. Klett-Cotta, Stuttgart 1997

Ders., »Contovello«, in: *Das zerbrochene Glas. Gedichte*. Übersetzt von Dr. Paul Wuehrl, Piper Verlag, München 1991. © Arnoldo Mondadori Editore Spa, Milano (*A Selection of Poems*)

Claudio Magris, »Das San Marco ...«, in: *Die Welt en gros et en détail*. Aus dem Italienischen von Ragni Maria Gschwend, © 1999 Carl Hanser Verlag München – Wien

Vergil, »Konnte Antenor ...«, in: *Aeneis, I. Gesang*. Übersetzt von Wilhelm Plankl und Karl Vretska, Philipp Reclam jun. Verlag, Ditzingen o. J.

Bildlegenden

Inhalt

Die »rosa dei venti«, die Windrose am Hafen, erzählt uns: Triest ist die Stadt der Winde. Sie haben Düfte und Geschmacksnoten aus allen Himmelsrichtungen in die Hafenstadt gebracht: Aus dem Nordosten kamen Gulasch und Palatschinken, aus dem Westen der Stockfisch und aus dem Süden Zitrusfrüchte und Safran. Seit Jahrhunderten treffen in Triest verschiedenste Kulturen aufeinander: Nicht nur Italiener, sondern auch eine große jüdische Gemeinde und die slawischen und österreichischen Nachbarn prägen und bereichern das Leben in der norditalienischen Hafenstadt.

Veit Heinichen hat seine Heimat in der Stadt am Karst gefunden. Zusammen mit der Spitzenköchin Ami Scabar lädt er zu einer Entdeckung des faszinierenden Mythos Triest ein: Ob bei den Weinbauern auf dem Karst über der Stadt, in den Fischerdörfchen an der Adria oder bei Spaziergängen auf den Spuren von Rilke und Joyce – dieser Reisebegleiter ist ein Genuß für alle Sinne.

»Dieses Buch macht Appetit – auf Essen und Reisen.« *Die Welt*